FORUM EUROPÄISCHE LITERATUR 1

Susanne Daams

Epische und elegische Erzählung bei Ovid: *Ars Amatoria* und *Metamorphosen*

m press »

Die vorliegende Arbeit wurde 1987 im Rahmen der Ersten Staatsprüfung für das Lehramt an Gymnasien für die Sekundarstufe II/I in Bochum unter dem Titel *Epische und elegische Erzählung bei Ovid. Interpretation ausgewählter Passagen aus Ars Amatoria und Metamorphosen* als Schriftliche Hausarbeit angenommen.

Die Deutsche Bibliothek verzeichnet diese Publikation in der Deutschen Nationalbibliografie; detaillierte bibliografische Daten sind im Internet über http://dnb.ddb.de abrufbar.

© 2003 Martin Meidenbauer
Verlagsbuchhandlung, München

Umschlag-Abbildung:
Publius Ovidus Naso
(43 v.Chr. – 17/18 n.Chr.)
© Verlag

Alle Rechte vorbehalten. Dieses Werk einschließlich aller seiner Teile ist urheberrechtlich geschützt. Jede Verwertung außerhalb der Grenzen des Urhebergesetzes ohne schriftliche Zustimmung des Verlages ist unzulässig und strafbar. Das gilt insbesondere für Nachdruck, auch auszugsweise, Reproduktion, Vervielfältigung, Übersetzung, Mikroverfilmung sowie Digitalisierung oder Einspeicherung und Verarbeitung auf Tonträgern und in elektronischen Systemen aller Art.

Printed in Germany

Gedruckt auf chlorfrei gebleichtem, säurefreiem und alterungsbeständigem Papier

ISBN 3-89975-450-6

Verlagsverzeichnis schickt gern:
Martin Meidenbauer Verlagsbuchhandlung
Erhardtstr. 8
D-80469 München

www.m-verlag.net

INHALTSVERZEICHNIS

		Einleitung	1 - 7
A.		Einzelinterpretationen	
	1.	Mars und Venus: A.A.	8 - 23
	2.	Mars und Venus: Met.	24 - 34
	3.	Kephalos und Procris: A.A.	35 - 49
	4.	Kephalos und Procris: Met.	50 - 70
	5.	Punktartige Zusammenfassung	71 - 79
B.		Überblick über die Sekundärliteratur	80 - 90
C.		Untersuchung unter übergeordneten Fragestellungen	
	1.	Zielformulierung	91 - 92
	2.	Disposition des Stoffes Ausdrucksparallelen	
	2.1.	Venus und Mars	93 - 97
	2.2.	Kephalos und Procris	97 - 103
	2.3.	Zusammenfassung	103
	3.	Stilistik	
	3.1.	Metrum	104 - 105
	3.1.1.	Metamorphosen	105
	3.1.2.	Ars Amatoria	106 - 108
	3.2.	Sprachliche Ausgestaltung	
	3.2.1.	Venus und Mars	109 - 114
	3.2.2.	Kephalos und Procris	114 - 118
	3.3.	Zusammenfassung	118 - 123

4.	Objektivität	
4.1.	Ars Amatoria	124
4.2.	Metamorphosen	125
4.3.	Venus und Mars	125 - 127
4.4.	Kephalos und Procris	127 - 129
4.5.	Zusammenfassung	129 - 130
5.	Darstellung der Götter	
5.1.	Venus und Mars	131 - 136
5.2.	Darstellung von Ehe, Liebe Eifersucht	
5.2.1.	Venus und Mars	136 - 137
5.2.2.	Kephalos und Procris	137 - 141
6.	Δεινόν vs. ἐλεεινόν	
6.1.	Venus und Mars	142 - 145
6.1.1.	Met.	142 - 143
6.1.2.	A.A.	143 - 145
6.2.	Kephalos und Procris	146 - 150
6.2.1.	A.A.	146 - 147
6.2.2.	Met.	148 - 150
6.3.	Zusammenfassung	150 - 154
D.	Ergebnisse	155 - 163
E.	Literaturverzeichnis	164 - 171

Einleitung

Nachdem die philologische Forschung Ovid fast jahrhundertelang vernachlässigt und ihn als "unanständigen Dichter" abgestempelt hat, ist es zu Beginn unseres Jahrhunderts zu einer Art Renaissance in der Ovid-Forschung gekommen. Unzählige Werke, Monographien, Kommentare und diverse Zeitschriftenaufsätze, sind besonders zu den Metamorphosen erschienen. Nicht ganz so intensiv wurden die Carmina Amatoria bearbeitet - so fehlt beispielsweise immer noch ein neuerer wissenschaftlicher Kommentar zu der Ars Amatoria.
Der Untersuchungsaspekt der vorliegenden Arbeit, epische und elegische Erzählungen bei Ovid, wurde lange von Richard Heinzes schon klassisch gewordener Abhandlung über "Ovids elegische Erzählung" geprägt. Zwar hatte sich schon kurz nach dem Erscheinen leichter Protest gegen die eindeutige Klassifizierung erhoben, doch erst in den letzten drei Jahrzehnten wurden Gegenkonzepte entwickelt, die gerade die Wechselbeziehungen zwischen den Gattungen untersuchen, die Heinze noch so eindeutig getrennt hatte.
Beide Ansätze sollen in der folgenden Arbeit berücksichtigt werden.
Um eine Textgrundlage für eine ergiebige Untersuchung zu schaffen, werden zunächst die ausgewählten Texte einzeln interpretiert vorangestellt.
Bei der Wahl des Textkorpus stellte sich gleichzeitig die Frage nach der Form, in der die Untersuchung erfolgen soll:
Unterschiedliche Darstellungsweisen - darauf zielt letzt-

lich die Arbeit ab - lassen sich am besten vergleichend herausstellen. Ein Vergleich stellt an das Textmaterial jedoch die Primärbedingung, daß es vergleichbar sein muß. Geradezu ideal sind zu diesem Zweck die mythologischen Erzähleinlagen bei Ovid geeignet, da sie in der A.A. und in den Met. oftmals identische Mythen verarbeiten.

Aus der Vielzahl der Mythen wurden der Mythos von Venus und Mars sowie der Mythos von Kephalos und Procris aus folgenden Gründen ausgewählt:

1. Sie sind je in beiden Werken ungefähr gleichlang.
2. Sie behandeln eine ähnliche Thematik:
    Kontext ist das Spannungsfeld "Ehe - Eifersucht - Ehebruch"[1];
    beide Male ist ein *indicium* aktionsauslösend
3.1. Der Mythos von Venus und Mars, die "älteste Burleske", reizte insofern zur Bearbeitung, als dazu bislang kaum gearbeitet worden ist und folglich bis auf Randbemerkungen in einigen Aufsätzen nichts dazu vorhanden ist.
3.2. Die Kephalos und Procris-Episode ist Gegenstand zahlreicher Betrachtungen besonders zu dem "Elegie-Epos-Komplex". Interessant ist diese Einlage auch dadurch, daß sie in der A.A. im III.Buch zu finden ist. Die Entstehungszeit gerade dieses Buches wird seit einiger Zeit kontrovers diskutiert, was noch skizzenhaft dargestellt wird.

Durch die ähnliche Thematisierung der beiden Stoffe läßt sich nicht nur die sprachlich - stilistische, sondern auch gut die inhaltliche Ebene vergleichend bearbeiten und darstellen.

Anhand von Fallstudien, die konkret auf diesen Textkorpus

von zwei mal zwei mythologischen Erzähleinlagen bezogen
sind, soll versucht werden, die Problematik, die Heinze
mit seiner festen Gattungseinteilung erzeugt hat, aufzu-
weichen bzw. im Idealfall zu lösen.
Zu dieser Gattungsproblematik ist einleitend zu sagen:
Beide Erzähltypen, epische und elegische Erzählung, lassen sich zunächst einmal objektiv über das Metrum definieren:

1. In der antiken Literatur ist die Elegie nur durch den
   metrischen Aufbau, durch den Wechsel von daktylischem
   Hexameter und Pentameter, bestimmt. Die Elegie wird
   ihrer Tonart nach als *mollis* bezeichnet.[2]
2. Der epische Hexameter hingegen wird *versus
   durus* genannt. Einheit des Epos ist im Gegensatz zur Elegie der einzelne Vers. Man kann vorsichtig
   definieren, daß das Epos längere Poesie ist, die aus
   daktylischen Hexametern besteht und vor allem Helden-
   sagen behandelt.

Es ist unmöglich, über diese Tatsachen hinaus Aussagen
allgemeinerer Art zu typischen Inhalten bzw. stilistischen Erscheinungen zu treffen. Denn - und damit soll
nochmals nachdrücklich die Wahl der Fallbeispieluntersu-
chung legitimiert werden - Aussagen, die über die gesamte
Stoffbreite formuliert sind, erheben nur den Anschein von
Allgemeingültigkeit und greifen in Wirklichkeit auch auf
Einzelbeispiele zurück.
Gattungstheorie soll von daher nur vorsichtig angewandt
werden - wichtiger erscheint es mir, textimmanente bzw.
kontextuelle Beobachtungen herauszuarbeiten, vergleichend
gegenüberzustellen und sie schließlich in Hinblick auf
existierende Theorievorschläge zu bewerten.

Auf eine textkritische Untersuchung kann in dem skizzierten Arbeitszusammenhang verzichtet werden, da handschriftliche Varianten letztlich keinen Einfluß auf die unterschiedliche Gestaltung desselben Stoffes in den verschiedenen Werken haben.[3]

Zum Konzept der Arbeit ist folgendes zu sagen:

Im Anschluß an die vier Einzelinterpretationen (Teil A) werden die dort erzielten Ergebnisse nochmals knapp zusammengefaßt, um ein schnell greifbares Instrumentarium für die nachfolgende Untersuchung zu erlangen.

In Teil B wird dann ein Überblick über die Sekundärliteratur, ausgehend von Heinzes 1919 veröffentlichtem Aufsatz, gegeben.

Die dort gefundenen Thesen sollen dann in Teil C derart in den angestrebten Vergleich eingebracht werden, daß sie durch die Untersuchungen an den beiden Beispielen möglichst verifiziert oder falsifiziert werden. Der Vergleich selbst soll unter übergeordneten Untersuchungspunkten erfolgen:

Nicht die wortwörtliche Gegenüberstellung wird erstrebt, sondern alle vier Erzähleinlagen sollen hinsichtlich ihrer Aussage bzw. Ausgestaltung zu Aussagen untersucht werden, die Heinze in seinem Aufsatz als eindeutig gattungsbestimmende Merkmale gekennzeichnet hat bzw. die mir bei den Einzelinterpretationen bearbeitenswert erschienen.

Teil D schließlich soll den Transfer der Untersuchungsergebnisse dahingehend leisten, inwieweit die Thesen der Sekundärliteratur allgemeingültig sind bzw. wie sie sich modifizieren lassen.

Es wäre vermessen, anhand zweier Einzelbeispiele eine generelle Umkehr einiger bisher gültiger Forschungsergeb-

nisse zu erwarten, doch ich hoffe, zumindest Anregungen
geben zu können.
Zu der bereits kurz angeschnittenen Datierungsproblematik
des III.Buches der A.A. läßt sich folgendes sagen:
Die Datierung der ersten beiden Bücher der A.A. bereitet
keine Schwierigkeiten: Aufgrund zeitlicher Anspielungen
in beiden Werken[4] steht der Zeitraum 2-1 v.Chr. als Zeitpunkt der Veröffentlichung fest. Zusätzlich bestätigt
wird das noch durch einen "terminus ante quem" in den
Remedia Amoris[5], der auf das Jahr 2 n.Chr. verweist. Die
R.A. sind von daher in der 2.Hälfte des Jahres 1 n.Chr.
publiziert worden. Da in diesem Werk mehrfach auf die
Praecepta der A.A. verwiesen wird, wird auch durch die
Veröffentlichungszeit der R.A. die Editionszeit der Bücher I und II der A.A. nochmals gesichert.
Bei der Kontroverse über die Veröffentlichungszeit des
III.Buches der A.A. sind sich alle Beteiligten noch relativ einig darüber, daß die A.A. ein zweites Mal aufgelegt
worden ist. Unklar ist hier jedoch bereits, ob zu dieser
zweiten Edition schon das III.Buch gehörte.
Weber gibt in seiner Arbeit zu bedenken, daß die A.A. als
einheitliches Werk konzipiert worden sei, was man daran
erkenne, daß die systematische Anlage der Bücher I und II
durch Buch III bzw. die R.A. fortgesetzt werde.[6] Die erste Auflage der A.A. mit allen drei Büchern setzt er
zeitgleich mit der 2.Edition der Amores für 1 v.Chr. an.
Die zweite Auflage der A.A. datiert er aufgrund der angeführten Erwähnung des Partherfeldzuges zusammen mit den
R.A. auf ca. 1 v.-1 n.Chr, spätestens auf das Frühjahr
des Jahres 2 n.Chr.
Syme[7] legt folgende Datierung vor: Die zweite Edition der
A.A. I und II liege unmittelbar vor der Erstveröffent-

lichung von Buch III der A.A., was er textlich zu begründen versucht.[8]
Murgia schließlich präsentiert die These, daß das III.-Buch der A.A. später veröffentlicht worden sei als die ersten beiden Bücher dieses Werkes, aber auch später als die Heroides.[10] Da die Bücher I und II der A.A. ziemlich gesichert auf 2-1 v.Chr. zu terminieren seien, könne Buch III von daher durchaus zeitgleich mit den Anfängen der Metamorphosen komponiert worden sein.[11] Murgia argumentiert, Ovid habe als *senex* zwischen 4 und 8 n.Chr. eine zweite Auflage der Amores, die zweite Auflage der A.A.I und II sowie eben das III.Buch der A.A. geschaffen, so daß dieses Buch von den ersten sieben Büchern der Met. beeinflußt worden sei.[12] Anhand von Ausdrucksparallelen versucht Murgia, diese These zu verifizieren. Dazu benutzt er u.a. einige Stellen aus den Kephalos-Procris-Erzählungen[13].
Meiner Meinung nach ist diese Untersuchungsweise jedoch sehr abstrakt und kommt von daher zu keinem ganz und gar gesicherten Ergebnis, so daß auch weiterhin diese Datierung etwas im Dunkeln liegt.

Anmerkungen

[1] M.Myerowitz; Ovid's games of love,
Detroit 1985, 53/54

[2] G.Luck; Die römische Liebeselegie,
Heidelberg 1961, 9

[3] Der Untersuchung liegen folgende Textausgaben zugrunde:
W.S.Anderson;P.Ovidii Nasonis Metamorphoses,
Leipzig 1985
E.J.Kenney;P.Ovidi Nasonis Amores Medicamina Faciei Femineae Ars Amatoria Remedia media Amoris,
Oxford 1961

[4] A.A.1,171 bzw. 179

[5] R.A. 155/156

[6] Weber a.a.O. 165

[7] R.Syme; History in Ovid,
Oxford 1978 13-15

[8] A.A.III,311 *quondam*
A.A.II, 733 *finis adest operi*

[9] C.E.Murgia; The date of Ovid's A.A.3,
in:AJP 107(1986) 74ff

[10] Murgia 74

[11] komplettiert wurden die Met. 8 n.Chr.

[12] Murgia 86

[13] Murgia 78f

TEIL A

Einzelinterpretationen

1. Mars und Venus: Ars Amatoria

Die *in toto caelo notissima fabula*[1] vom Ehebruch der Venus mit dem Kriegsgott Mars wird, nachdem Ovid sie bereits im 1.Buch seiner *AMORES* als abschließendes Glied einer mythologischen Beispielkette[2] angeführt hat, im 2.Buch der Ars Amatoria nochmals aufgegriffen. Jetzt jedoch fügt Ovid diese Episode nicht innerhalb einer Reihung von mythologischen Exempla an, sondern benutzt sie als alleiniges ausführliches Exemplum zu dem von ihm gegebenen Praeceptum.

In diesem 2.Buch, das an die *iuvenes* gerichtet ist, dient die mythologische Erzählung als Beleg einer Behauptung[3]: Ovid provoziert seine Leser mit der Feststellung, daß es für die Erhaltung der Liebe manchmal auch nötig sei, einen Nebenbuhler, nach Möglichkeit unertappt, zu erdulden, und nicht die ganze Wahrheit ans Licht bringen zu wollen, wodurch die (sowieso schon gestörte Beziehung) ganz vernichtet werde.

Sein Praeceptum führt Ovid relativ ausführlich in den Versen 555-560 an, wobei dort eine Binnengliederung festzustellen ist: Während die Verse 555-560 das *fabula docet* anführen, übernimmt das Distichon 559/560 eine "Brückenfunktion", indem es die Verbindung von dem gegebenen Praeceptum zu der in Vers 561 einsetzenden Episode schafft.

Der Abschnitt, den man mit "Kluges Verhalten gegenüer dem Rivalen" überschreiben könnte, beginnt mit Vers 535. Von da an bis zum Beginn der zu untersuchenden Stelle gibt Ovid Praecepta und daran sich anschließende Exempla aus

seinem privaten Erfahrungsschatz, die jedoch allesamt
sehr knapp ausfallen und auf das ausführliche Exemplum
von Mars und Venus zu verweisen scheinen.

Rhetorisch wird das Praeceptum eindringlich gestaltet
durch auffällig viele Alliterationen (*fuit..furta../fugi-
at fasso// peccent..peccantes..putent*). Hinzu treten viele kurze Sätze, die den Ratschlag Ovids für den Leser
einprägsam machen.

Unterstützend wirkt dabei das Metrum, da die hauptsächliche Verwendung von Daktylen für eine gewisse Lebhaftigkeit sorgt. Hinzu kommt in V 557 die Apostrophe an
die jungen Männer, verbunden mit dem Imperativ *parcite*,
wodurch dieses ganze Praeceptum fast in die Nähe einer
persönlichen Zuwendung rückt. Gleichzeitig weiß Ovid jedoch, daß das von ihm gegebene Praeceptum nur sehr schwer
zu bewerkstelligen ist, da er auch bereits vorher von
solchen Schwierigkeiten gesprochen hat: Daher wählt er
für den "einleitenden" Ratschlag des Distichon 555/556
den Konjunktiv. Das Distichon 557/558, das den praktischen Nutzen aus dem Praeceptum anbietet, ist von daher
wieder im Imperativ(als Aufforderung) und dann im Indikativ ausgeführt.

Das von mir so genannte "Brückendistichon" 559/560 zieht
die (negative) Konsequenz aus dem gegebenen Praeceptum -
was nämlich passiert, wenn man den Nebenbuhler nicht erträgt. Gleichzeitig stellt es, und das wird dem mythologisch beschlagenen Leser bereits hier deutlich, die Episode von Mars und Venus in Aussicht: Zwei Liebende erleiden, indem sie ertappt werden, das gleiche Schicksal.

Nach dieser relativ ausführlichen Einführung beginnt ab
Vers 561 die eigentliche mythologische Erzählung von Mars
und Venus.

Hatte der Leser bislang nur eine Vorahnung, welchen Inhalt das Exemplum haben könnte, werden seine Vermutungen direkt mit dem allseits bekannten Satz *fabula narratur toto notissima caelo* bestätigt: Mit demselben Satz führte Ovid, wie gezeigt, dieses Exemplum in den Amores ein[4], wo ebenfalls auf den Bekanntheitsgrad angespielt worden war. Dieser leitet sich letztlich aus der epischen Vorlage für die vorliegende Erzählung ab, aus der Odyssee 8,267-366[5], in der Homer eine ausführliche Schilderung des Verhältnisses von Venus und Mars gibt, die Ovid, wie man an der Ähnlichkeit vieler Details nachweisen kann, offensichtlich als Vorlage für die Ausgestaltung seines Exemplums gedient hat.[6]

Das Metrum, in diesem all die "klassische Ausgestaltung" des elegischen Distichons, unterstützt die Funktion dieses Verspaares als direkte Einleitung in das Geschehen: Die im Hexameter angekündigte Erzählung wird im Petameter durch die Namensnennung der am Geschehen beteiligten Personen näher erläutert. Auffällig hierbei ist die Bezeichnung des betrogenen Ehemannes, Vulcanus, durch seinen charakteristischen Beinamen *Mulciber*[7]. Dieser Antonomasie ist die durch *-que..-que* hergestellte enge Verbindung von Mars und Venus gegenübergestellt.

Sehr kunstvoll setzt Ovid das Hyperbaton ein: Mars und Venus werden von dem Hyperbaton *mulciberis..dolis* umschlossen. Interessant ist, daß sich die Geschichte auch letztlich dahin entwickelt: Mars und Venus werden von den Künsten Vulcans umklammert.

Die nun folgenden fünf Disticha erklären die angekündigte Geschichte näher und bilden somit den ersten großen Abschnitt des Hauptteiles, in dem die Beziehungsentwicklung des Paares Mars und Venus ausgeführt wird:

Das 1.Distichon (563/564) beschäftigt sich mit dem
Kriegsgott Mars, der die Göttin Venus derart liebt, daß
er sich durch diese Liebe vom Feldherrn zu einem Liebhaber wandelt (564 *de duce terribili factus amator erat*).
Es fällt auf, daß einzig der *amator* in V 564 ohne Attribut steht - der *amator* bedarf wohl für Ovid keiner Erklärung.
Mars wird desweiteren mit dem Hephitheton ornans *pater*
versehen, was ihn als Stammvater des römischen Volkes
ausweist.[8] In seiner Eigenschaft als Feldherr (hinweisend
auf seinen Aufgabenbereich als Kriegsgott) bekommt er das
Attribut *terribilis*. All' diese Erläuterungen zur Person
des Mars verschärfen den Gegensatz zu dem, was Mars nun
wird: Ein Liebhaber, verliebt in die (der gebildete Leser
weiß es) mit Vulcan verheiratete Göttin Venus.

Dieser provozierte Gegensatz Feldherr - Liebhaber, metrisch verstärkt durch die Mittelzäsur im Pentameter als
Achse "vorher/nachher", ist nicht typisch ovidisch, sondern als stereotyper Zug der Erotik überliefert.[9]
Das nun folgende Distichon 565/566 berichtet von der Erhörung dieses *insanus amor* durch Venus und bildet somit
mit dem vorausgegangenen Distichon 563/564 thematisch
eine Einheit, was Ovid auch stilistisch zu dokumentieren
versucht, indem die Aussagen der beiden Disticha nicht
durch ein abruptes Kolonende am Ende des 1.Distichons
getrennt werden, sondern durch ein enges *nec* verbunden
werden.

Dieses Distichon ist durch eine Vielzahl rhetorischer
Mittel ausgestaltet, die allesamt zu einer gewichtigen
Aussage führen:
Innerhalb eines doppelten Hyperbaton (*nec Venus..rustica
difficilisque* sowie *oranti..Gradivo*), der sich mittels

Enjambement über das gesamte Distichon erstreckt, findet sich eine chiastische Wortstellung (*Venus oranti...rustica Gradivo*).

Obgleich Ovid bei Homer seine Vorlage für diese Erzählung gesehen hat, folgt er ihr jedoch nicht bis ins Detail: Wird bei Homer die Bitte des Mars in direkter Rede ausgeführt [10], so begnügt sich Ovid in unserer Erzählung damit, dem Werben des Mars durch ein Partizip Ausdruck zu veleihen.

Inhaltlich interessant ist, daß Venus durch die Verneinung eines negativen Ausdruckes indirekt charakterisiert wird: *rustica* meint die bäurisch Unbeholfene, auch die streng Ehrbare, pointiert gesagt: "die Unschuld vom Lande". Im Gegensatz dazu steht ein elegantes, gefälliges Wesen der römischen Demimondaine [11], eine Art Lebedame, in deren Nähe Venus durch das verneinte *rustica* rückt. Indirekt werden so auch ihr Mann und ihr Liebhaber charakterisiert: unbeweglich, starr, ja sogar bäurisch der eine, elegant und anregend der andere.

Die in V 565 in Parenthese hinzugefügte Beurteilung der Venus zielt meines Erachtens auf ihre Funktion als Liebesgöttin ab: *mollis* - weich als Synonym für Liebe. [12] Gleichzeitig könnte Ovid hier auch seine Bewunderung für die Liebesgöttin zum Ausdruck bringen - ist sie es doch, die in seinen Werken eine wichtige Rolle spielt.

Nach dem Beginn der Liebe folgen nun zwei Disticha (567/568 sowie 569/570), die Ovid ohne Vorlage frei aus dem ihm bekannten Mythos herausgearbeitet hat: das ausgelassene Treiben des Paares. Die Aktivität geht hierbei ganz offensichtlich von Venus aus, die beim Zusammensein mit Mars ihren Ehemann Vulcanus verspottet.

Auch wenn die Ejektion *a*, mit der dieser Erzählteil in V

567 eingeleitet wird, eine Mißbilligung Ovids gegenüber Venus zum Ausdruck bringen soll, wird das jedoch in V 568 vom Dichter unmittelbar durch das spekulative *dicitur risisse* relativiert. Dieses "In-Schutz-Nehmen" des Verhaltens der Venus setzt sich im Distichon 569/570 fort: Das eigentlich ungehörige Treiben der Venus wird noch im Hexameter durch die Apostrophe *decebat* aufgefangen und dann durch den fortgesetzten Themawechsel im Pentameter verharmlost - Ovid spricht hier nur noch von der Anmut der Venus.

Diese ganze, sehr subtile Ausgestaltung der Szene hat einen komödienhaften Zug, der vermutlich dazu beigetragen hat, daß die Episode von Mars und Venus immer wieder als "älteste Götterburleske" angeführt wird.[14]

Inhaltlich wird in Vers 568 sehr bildreich auf die Schmiedearbeiten Vulcans' hingewiesen: *..et duras igne vel arte manus*. Übertragen verspottet Venus, indem sie sich über seine Füße[15] und seine harte Hände lustig macht, Vulcan als *rusticus*, wodurch sich ein starker Gegensatz zwischen den Eheleuten eröffnet, da ja, wie Ovid in Vers 565/566 anführt, Venus *nec rustica* sei.

Mit dem nun folgenden Distichon 571/572 wird der erste Hauptteil, in dem die Entstehung der Liebesbeziehung zwischen den beiden dargestellt wird, abgeschlossen. Auch hat dieses Distichon die Aufgabe, die etwas "flapsige" Ausdrucksweise in den beiden vorhergegangenen Disticha zu relativieren: Das zu Beginn stehende einschränkende *sed* weist darauf hin, hat aber gleichzeitig die Aufgabe, einen erzählerischen Einschnitt zu schaffen. Man kann hier von einer Zusammenfassung im Sinne des Ausgangspunktes sprechen[16] : In dem Praeceptum ging es darum, daß der

Mann sich davor hüten solle, daß die Frau ihren *pudor* verliere (556 *ne fugiat fasso victus ab ore pudor*). Diesen Gedanken nimmt Ovid nun wieder auf, denn er stellt fest, daß die Beziehung sehr wohl von *pudor* gegenüber der Umwelt geprägt ist. Durch diesen Kontrast erhält das Distichon 571/72 sein Gewicht.

Unbemerkt wird so der Weg zum 2.Hauptteil geebnet: Das Praeceptum war negativ formuliert, intendiert ist von Ovid also ein Exemplum, das seine Aussage bestärkt: Es muß innerhalb der Erzählung logischerweise zu einer Entwicklung kommen, die den *pudor* verschwinden läßt.

Eingeleitet wird dieser Teil, der sich gliedernd mit "Konflikt" überschreiben ließe, durch die Anzeige des allwissenden Sonnengottes bei Vulcanus (V573/574). Der Sonnengott, der alles sieht, ist fast als feststehender Topos zu bezeichnen [17] - auch bei der homerischen Verarbeitung dieses Stoffes ist Helios der Verräter [18].

Relativ abrupt wird der Beginn des gesamten Konfliktes durch die lapidare Nominalphrase *indicio Solis*(573) eingeführt, wobei die neutrale Darstellung der Tat der Venus auffällt - Ovid spricht von *acta*, verwendet somit keinen wertenden Ausdruck.

Interessant ist in jedem Fall die persönliche Einschaltung Ovids in Form einer Apostrophe (*quis solem fallere possit?*) in Vers 573. Ovid scheint hier auf die bekannte Thematik des allwissenden Sonnengottes anzuspielen. An diese subjektive Äußerung kann man die bereits erwähnten *acta* anschließen, so daß festzustellen ist, daß Ovid hier sehr wohl auf Seiten der Venus steht.

Ganz direkt wird Ovid in dem Distichon 575/576. Wieder benutzt er die Apostrophe, doch ist sie nicht mehr allgemein in Form einer rhetorischen Frage wie in V 573 formu-

liert, sondern ist direkt an den in dem Distichon 573/574
erwähnten Sonnengott gerichtet.
In diesem Distichon bringt Ovid zum einen eine Beschuldigung vor, zum anderen macht er Sol einen frivolen Vorschlag. Indem er sagt, Sol gebe ein schlechtes Beispiel, spricht er den Verrat des Ehebruchs an, den er mit dem Vorschlag weiter dahingehend ausbaut, daß Venus auch ihm ihre Gunst erwiesen hätte, wenn er nur zu dem Bemerkten geschwiegen hätte. Durch Vokabeln wie *munus petere* und *dare*, die eindeutig im erotischen Kontext zu sehen sind[19], wird dieser Vorschlag ins Frivole hineingezogen.[20]
Aus der Beschuldigung Sols läßt sich Ovids eindeutige, vorher bereits versteckt angedeutete Stellungnahme für die Position der Venus erkennen[21], wobei sich hinter den *mala exempla* Schaden in zweifacher Hinsicht verbirgt: Zum einen geht es ganz vordergründig um den persönlichen Schaden der Venus, da ihr Verhältnis zu Mars nun ihrem Ehemann bekannt ist, zum anderen ist jedoch auch ein Schaden für alle Paare zu konstatieren, da das Verhalten Sols ein Exemplum dafür gewesen sein könnte, daß sich Augustus dazu veranlaßt sah, in seiner "Lex Iulia de adulteriis" auch den Passus aufzunehmen, daß sich bei Ehebruch auch eine vierte Person durch passive Bestechnung strafbar machen kann.[22]
Der in Vers 575/76 weiterhin angeführte Vorschlag an Sol als zweiter Bestandteil der Apostrophe verspottet, indem Sol offen zum Ehebruch angestiftet wird, nicht nur den göttlichen Habitus in diesem konkreten Zusammenhang, sondern auch ganz allgemein die Ehegesetzgebung Augustus'. Die mythologische Liebesgeschichte bildet hier das entil für diesen Spott[23]: Ovid schaltet sich in Form einer Apo-

strophe in das Geschehen ein, um aus zeitgenössischer Sicht einen Kommentar abzugeben[24], also eine Verknüpfung von Mythos und Wirklichkeit, die sich in diesem Distichon ausdrückt.
Nach diesen beiden Disticha, die eine grundlegende Änderung der Situation für alle Beteiligten herbeigeführt haben, entwickelt sich die Erzählung zu ihrem Höhepunkt hin. War bislang von Handlungen der Venus, des Mars oder Sols die Rede, wird nun Vulcanus als der betrogene Ehemann aktiv.
Wiederum ist die Antonomasie *Mulciber*(bereits V 562) gewählt, da er nun auch die ihm den Namen gebende Tätigkeit aufgreift: Um das Paar auf frischer Tat zu ertappen, stellt er Ketten her, in denen sich die beiden verstrikken sollen. Das alles läuft in einem derartigen Tempo ab, daß Herstellung und Aufbau der Falle fast eins sind.[25] Die Kunstfertigkeit in der Herstellung wird verdeutlicht durch *obscurus* sowie durch den zweiten Teil des Verses 578 *lumina fallit opus*.
Sprachlich auffällig an diesem Distichon ist neben der Häufigkeit der Alliterationen (*lectum..laqueos;lumina*) auch der sehr anschauliche Ausdruck *circaque superque* für die Verteilung der Fesseln.
Waren schon hier kurze, prägnante Sätze zu finden, wird diese Tendenz auch in den nächstfolgenden Disticha deutlich - man kann sagen, daß die Handlung zügig auf ihren Höhepunkt getrieben wird.
In dem nun folgenden Distichon 579/580 bewegt sich die Aktion von zwei unterschiedlichen Punkten aufeinander zu: Vulcanus erdichtet eine Reise nach Lemnos[26], Venus und Mars treffen sich - im Pentameter schnappt bereits die Falle zu. Dieser schnelle Ablauf der Handlung wird durch

die kurzen Sätze im Hexameter, die zudem noch parallel gestaltet sind, unterstützt (*fingit iter.,veniunt ad foedus*).

Dieser Stakkatostil setzt sich auch bei der Zusammenkunft der Götter, die in Vers 581 beginnt, fort. Wiederum teilen sich Vulcan sowie die gefangenen Venus und Mars die Handlung im Hexameter des Distichons 581/582 (wieder Parallelismus *convocat..,praebent*). Der betrogene Vulcanus ruft die Götter zusammen [27] und öffnet somit, wie auch Ovid durch seine Wortwahl ironisch zum Ausdruck bringt, den Vorhang für ein *spectaculum*, das Mars und Venus den Göttern bieten. Im Pentameter wird jedoch deutlich, daß sich der Dichter darum bemüht, eine feinsinnige psychologische Schilderung zu geben. Venus zeigt hier fast menschliche Züge, wenn Ovid von ihr berichtet, daß sie kaum die Tränen zurückhalten könne. Trotz dieser menschlichen Schilderung, die einen Eindruck von Nähe zu vermitteln scheint, baut Ovid gleichzeitig eine Art Distanz auf, indem er diese psychologische Beschreibung in referentieller Rede (*putant Venerem..*) wiedergibt. Das nun folgende Distichon 583/584, inhaltlich eng mit dem vorhergegangenen verknüpft, führt die mißliche Lage des ertappten Paares weiter aus. Hier tritt ein "voyeuristischer" Zug Ovids zutage, der bereits in V 581 durch den Ausdruck *spectaculum* angedeutet worden war: In diesem Distichon malt er das angeführte Schauspiel, das die beiden bieten, genau aus [28], wobei rhetorische Stilmittel für Prägnanz sorgen. Zum einen fällt auf, daß die Reaktion der Gefangenen chiastisch angeschlossen wird [29] - *non vultus texisse.., non..opposuisse manus*, jeweils anaphorisch eingeleitet durch *non*. Durch den Chiasmus kommt daneben der Gegensatz von Gesicht und Händen noch besser zur Geltung. Weiterhin sind in diesem Distichon die Alliterationen auffällig (*possunt partibus..; obscenis obposuisse*), wobei die letztere durch die Mittelzäsur des Pentameters besonders betont wird.

Zu den letzten drei Disticha (579/589;581/582;583/584), die den Aufbau der Falle und deren Zuschnappen wiedergeben, kann man zusammenfassend sagen, daß sie syntaktisch aufgrund ihres parallelen Satzbaus eng verbunden sind. Das Metrum bewirkt, daß die schnelle Abfolge der einzelnen Handlungen auch durch die Diktion deutlich wird.

Die nun folgenden Disticha 585/586 und 587/588 bringen dieses mythologische Exemplum schnell zu einem Abschluß: In dem Distichon 585/586 wird das bei Homer ausführlich geschilderte Göttergelächter [30] knapp mit dem Partizip *ridens* wiedergegeben, wobei es sich in unserem Fall nur auf den Sprecher der nachfolgenden wörtlichen Rede, der ungenannt bleibt, zu beziehen scheint. Dem antiken Leser, der die Homererzählung kannte, muß jedoch klar gewesen sein, daß es sich bei dem ungenannten Gott, hier mit *aliquis* eingeführt, um Hermes in der griechischen [31] und Merkur in der römischen Fassung handelt.

Die direkte Rede des Gottes ist gegenüber der homerischen Vorlage stark gekürzt [32], enthält jedoch im wesentlichen das frivole Element des angestrebten Rollentausches. Sprachlich auffälig ist die Anrede des Mars *fortissime Mavors*, die wohl so erklärt werden kann, daß sie aus der alten Form MAVRS entstanden ist, die sich wiederum aus dem Einschub eines V in Mars entwickelt hat [33]. Es ist nicht ganz einsichtig, warum Ovid für Mars gerade an dieser Stelle die altertümliche Anrede gewählt hat. Es könnten metrische Gründe eine Rolle gespielt haben, aber eventuell auch die Absicht, den in peinlicher Situation

ertappten Kriegsgott durch Gebrauch einer ehrenvollen
Anrede zu verspotten.

Das Distichon 587/588, das das Ende der mythologischen
Erzählung markiert, wirkt auf den Leser sehr inhomogen.
Dieser Eindruck entsteht dadurch, daß der eine Teil des
Distichons noch an die vorher erwähnten Vorgänge anschließt und eine Art versöhnliches Ende bietet, daß jedoch der andere, kürzere Teil bereits die Zukunftsfolgen
auszumalen beginnt.

Hinzu kommt die ausgefallene rhetorische Gestaltung des
ersten Teiles in Form einer Apostrophe an Neptun. Auch in
der Homerfassung erwies sich Neptun als Vermittler, dort
freilich wird seine Rede viel ausführlicher dargestellt.[34] Bei unserem Beispiel scheint Ovid eine längere
Ausgestaltung dieser Passage vermeiden zu wollen. Daher
bedient er sich der Apostrophe, deren Aussage die voraus-
gegangene Handlung Neptuns impliziert.

Zur formalen Gestaltung dieser Aussage ist zu bemerken,
daß sie durch Enjambement knapp in den Pentameter herein-
reicht, wo das dort noch stehende Wort *corpora* durch Alliteration mit dem im Hexameter stehenden *captiva* verbunden wird. Dem Bemühen nach Kürze ist die Erscheinung zu-
zurechnen, daß bei *precibus tuis..resolvit* eine Brachylo-
gie vorliegt mit dem möglichen Inhalt, daß Vulcanus sich
durch die Bitten Neptuns kaum veranlaßt sah, die Fesseln
zu lösen.

Die zweite Aussage, die in diesem Distichon enthalten
ist, füllt den restlichen Platz im Pentamter und beschäftigt sich mit den direkten Folgen dieser Episode. Mittels
zweier parallel gebauter Sätze, von denen der zweite allerdings elliptisch ist, gibt Ovid an, daß das Paar nach
seiner Befreiung in verschiedene Richtungen flieht: Mars

geht nach Thrakien, wo er seinen Wohnsitz hat [35], Venus nach Paphus [36], einer Stadt auf Zypern, die durch ihren Aphroditekult berühmt ist. [37] Bei dieser Aussage wird nochmals Ovids Bemühen deutlich, die Erzählung zu einem möglichst schnellen Abschluß zu bringen, um das Exemplum nicht zu weit auszudehnen: Venus wird hier nicht mehr mit ihrem vollen Namen genannt, sondern nur noch mit dem Demonstrativpronomen *illa*. Auf Kosten der Parallelität geht weiterhin die bereits erwähnte Ellipse im 2.Satz - Erscheinungen, die so zu deuten sind, daß Ovid kein neues Distichon eröffnen, sondern nun endlich die Erzählung beenden will. So läßt sich wohl auch die unglückliche Plazierung der Mittelzäsur im Hinblick auf die Aussage erklären - denn die Zäsur markiert hier keinen Sinneinschnitt, sondern stört den Ablauf des angestrebten Parallelismus. Diese "Störung" nahm Ovid wohl für den erzielten Effekt der Kürze in Kauf.

Nach 6 Versen Praeceptum und 28 Versen mythologischen Exemplum nimmt Ovid in den nun folgenden Disticha 589/590 sowie 591/592 den Ausgangspunkt wieder auf, indem er sich in Form einer Apostrophe an den nun verlassenen Ehemann Vulcanus wendet. Durch die Feststellung *pudor omnis abest*(590) schließt sich der Kreis zu der anfangs aufgestellten Forderung *ne fugiat..pudor*(556), so daß die Erzählung auch logisch in den Erzählzusammenhang paßt.

Anmerkungen: Venus und Mars/ A.A.

[1] A.A. II 561

Met. IV 189

[2] Am. I 9,39/40

[3] Bernd LATTA; Die Stellung der Doppelbriefe im Gesamtwerk Ovids. Marburg 1963, S.17

[4] Am.I 9,40 'notior in caelo fabula nulla fuit'

[5] alle Oyssee-Zitate erfolgen nach folgender Ausgabe: Victor BERARD; L'Odyssee, Paris⁷1963

[6] s. Teil C, Kap."Ausdrucksparallelen"

[7] cf. Macrob.Sat VI 5,2: 'Mulciber est Vulcanus, quod ignisset et omnia mulceat et domet.'

[8] cf.Gellius V 12,5 'Mars pater: hoc enim est Marspiter'

[9] vgl. Wortfelder wie 'amor militat' oder der Liebhaber als Kriege bzw. Liebe als Kampf.

[10] Hom,Od.VIII 292

[11] Paul BRANDT; P.Ovidi Nasonis de arte amatoria libri tres, ND Hildesheim 1963, S.566

[12] 'mollis' als Attribut auch für die Elegie; cf. Georg LUCK; Die römische Liebeselegie, Heidelberg 1961, S.9

[13] 'decebat' steht hier absolut; auch:A.A.I 533

[14] z.B. Renz, Heinze, Brandt; a.a.O.

[15] Vulcanus als Hinkfuß

[16] Latta; a.a.O., S.20
[17] cf. Hom,Il. III 277
    Od. XI 109, XII 323
[18] Hom.Od.Viii270/271
[19] W.STROH; Ovids Liebeskunst und die Ehegesetze des Augustus.
    in: Gymnasium 86(1979) 323ff, S.350
[20] parallel dazu z.B. A.A.III 653-658: 'munera' als Mittel, Götte zu bestechen, die zuviel gesehen haben - hier auch zweideutig zu sehen?
[21] z.B. parallele Darstellung A.A.II 359 ff
    Helena - Menelaos
[22] Stroh; a.a.O., S.350
[23] Stroh; a.a.O., S.346
[24] Stroh; a.a.O., S.346
[25] z.B. Beschreibung der Schlingen bei Hom.Od.VIII 274/75; auch Met.IV 176-181
[26] cf. Hom.Od.VIII 283
[27] vgl. die ausführlichere Darstellung Hom.Od.VIII 305-320
[28] vgl. die kürzere Darstellung bei Hom.Od.VIII 298/299
    Luc.dial.deor.17,1
[29] Latta; a.a.O., S.20
[30] Hom.Od.VIII 343
[31] Hom.Od.VIII 335f
[32] Hom.Od.VIII 339-342
[33] Brandt; a.a.O., S.112
    lt. Konkordanz in der A.A. singulär
[34] Hom.Od.VIII 344ff
[35] Hom.Od.VIII 361

Brandt; a.a.O., S.112

[36] Hom.Od.VIII 362/363

[37] Ov.A.A. III 181

2. Venus und Mars: Metamorphosen

Auch in die Metamorphosen arbeitet Ovid den Mythos von Venus und Mars ein: Im 4.Buch werden ab Vers 168 die Erzählungen der Leuconoe, der zweiten der Minyas-Töchter, mit dem Thema *Solis amores*(170) behandelt.
Bevor die Metamorphosen der *amores* Leucothoe und Clytie erzählt werden, stellt Ovid einleitend die Geschichte von Venus und Mars voran, scheinbar, um zu begründen, wie es zu den *Amores* des Sonnengottes kommt.[1] Man kann jedoch mutmaßen, daß sich Ovid diese seit Homer bekannte Burleske für die Darstellung in den Met. nicht entgehen lasssen wollte, obwohl er sie - wie gezeigt - bereits in der A.A. ausführlich geschildert hatte.[2]
Da bei der Hexameterdichtung das Versende meistens nicht mit dem Ende eines Satzes oder Sinnabschnittes zusammenfällt, sollen im Folgenden Sinnabschnitte untersucht bzw. analysiert werden.
Die ersten vier Verse der Episode (167-170) dienen dazu, die Episode als Erklärung für die unglückliche Liebe Sols einzuführen: Nach der Beendigung der vorhergegangenen Metamorphose von Pyramus und Thisbe durch *desierat* am Versanfang (167) wird Leucoñoe als indirekte Erzählerin der Burleske eingeführt (*orsa est dicere Leuconoe* 167/178), die dann unvermittelt einsetzt.
Direkt in den Versen 171/172 wird auf das *adulterium Veneris cum Marte* hingewiesen. Eine Beziehung zu der Einleitung wird dadurch geschaffen, daß Sol diesen Ehebruch gesehen haben soll.
Stilistisch sind diese beiden Verse sehr auffällig: Ihre

Rahmung durch das anaphorisch gebrauchte *primus*(171/172) trägt zu einer starken Kohärenz bei, ebenso die Tatsache, daß der gesamte Vers 172 parallel aufgebaut ist, wobei er gleichzeitig einen Chiasmus beinhaltet, als dessen "Spiegelungsachse" die Penthemimeres zu sehen ist. Dieser "versus serpentinus" [3] hebt nochmals die Person Sols durch das zweimal genutzte *hic* hervor.

Sol, der, wie wir gesehen haben, in das Geschehen eingeführt hat, treibt nun auch die Handlung weiter, indem er sein Wissen an den betrogenen Ehemann Vulcanus weitergibt (173/174). Diese beiden Verse sind eng miteinander verknüpft: Zum einen ist in V 173 mit *indoluit facto* Sol gemeint, der das Wissen um das *adulterium*, hier mittels *facto* wiederaufgenommen, an Vulcanus verrät, zum anderen meint *at ille* (174) Vulcanus, den "Empfänger" des Verrats, dessen in Vers 175 beginnende Tätigkeiten (als Reaktion auf die von Sol erfahrene Nachricht) durch das Enjambement von V 174 zu V 175 aufs engste mit der Tatsache des Verrates verknüpft wird, so daß auf die folgende Handlung schon im voraus mit starker Betonung hingewiesen wird.

Außerdem sind die Verse 173/174 formal auffällig gestaltet: Neben der Alliteration *facto..furta..furti* ist die Paranomasie *furta* - *furti* interessant. Zur Variatio läßt sich das Götterepitheton *Iunonigenae*, poetisch übrigens ohne Parallele [4], rechnen, das auf die Abstammung Vulcans (= Sohn der Iuno) abzielt.

Die sich nun anschließende Reaktion Vulcans erstreckt sich in einer ausführlichen Periode bis zum Ende des Verses 181 (insgesamt 8 Verse). Auffällig ist, daß die erzähltechnische Periode identisch ist mit einem Sinnabschnitt.

Das Verhalten Vulcans auf die Meldung des Sonnengottes
hin läßt sich wie folgt unterteilen:

    a. primäre Reaktion

    b. sekundäre Reaktion

Mit primärer Reaktion soll das Verhalten bezeichnet werden, das sich unmittelbar bei dem Verrat beobachten läßt: Vulcanus wird kopflos, läßt alles fallen(174-176). Sprachlich ist dieser Abschnitt sehr kunstvoll ausformuliert: Durch die zeugmatische Verbindung von *mens* und *quod opus fabrilis dextra tenebat* mit *excidit* schafft Ovid es, die totale Verwirrung Vulcans' plastisch darzustellen. Gleichzeitig jedoch bewirkt er durch dieses Zeugma, daß die ganze Reaktionsweise etwas ins Lächerliche gezogen wird und Ovid sich von dieser Verhaltensweise distanziert.

An diese Primärreaktion schließt sich unmittelbar, sprachlich verdeutlicht durch *extemplo* [5] (176), die Sekundärreaktion Vulcans' an:

Nach dem ersten Erschrecken sinnt Vulcan auf Rache und baut eine Falle, um das Paar zu ertappen(176-181). In diesem Abschnitt gibt sich Ovid als ein aufmerksamer Beobachter und erfahrener Bearbeiter von mythologischen Stoffen sowie als innovativer Dichter. Zuerst einmal liefert Ovid eine genaue Beschreibung der Herstellungsweise - Ketten, Stricke und Netze, die Vulcanus kunstvoll fertigt. Der Hinweis auf die *graciles catenae* wird durch den Relativsatz mit konsekutivem Nebensinn(177) noch verstärkt. Eine ähnliche wie die dort gegebene Formulierung hatten sowohl Homer [6] als auch Ovid [7] selbst bereits benutzt.

Kenntnisse in der Mythologie beweist Ovid auch noch bei einer anderen Homer - Adaption, die sich dem Herstellungsprozeß anschließt: Ovid vergleicht die Falle, nachdem er von ihrer Zartheit gesprochen hat, mit feinem Gewebe, ja mit einem Spinnennetz. Bereits bei Homer wurden die von Hephaistos gefertigten Fesseln mit feinstem Spinngewebe verglichen [8], jedoch auch im eigenen Werk lassen sich Parallelen finden - z.B. die in den Metamorphosen verarbeitete Arachne - Geschichte [9] benutzt einen ganz ähnlich gelagerten Vergleich.

Dieser climatisch aufgebaute Vergleich (erst Gewebe, dann Spinnweben) ist parenthetisch eingefügt - Ovid will also eine Erklärung mittels Exkurs andeuten -, hat jedoch gleichzeitig eine syntaktische Aufgabe: Er trennt die Herstellung der Falle (176-178) von deren Wirkungsmöglichkeit bzw. der Installierung(180/181), so daß beide Teile durch den eingeschobenen Vergleich eine breitere Wirkung erhalten. In diesem letzten Teil wird eine Tatsache besonders deutlich, die in abgeschwächter Form bereits vorher beobachtet werden konnte: Ovid bedient sich einer ganz eigentümlichen Sprache, verwendet ausgefallene Satzstellungen und singuläre Wortkombinationen. Tauchten diese Erscheinungen in den Versen 176-179 nur vereinzelt auf (z.B. *fabrilis dextra, elimat, aranes*), läßt sich nun eine Häufung dieser Phänomene konstatieren. Der mittels *efficit* eingeleitete "ut-Satz" ist zunächst einmal ungewöhnlich in den Erzählablauf eingepaßt: Stände in Prosa etwa *et efficit,ut* [10], bindet Ovid den Satz mit einem angehängten *que* an, das so zum Hauptsatz gehört, hier jedoch nach dem ersten Wort des Nebensatzes (=ut) steht. Innerhalb dieses "ut"-Satzes sind die Begriffe *leves tactus* sowie *momenta parva* singulär bei Ovid gebraucht [11], chiastisch gestellt, desweiteren überrascht die Benutzung des Compositum *efficere* pro Simplici *face-*

re.

Diese Häufung stilistisch auffälliger Einzelteile dient dazu, die bereits bei der Fallenstellung betonte Kunstfertigkeit, die anschließend durch den Vergleich mit Spinnweben herausgehoben war, abschließend nochmals nun hinsichtlich ihrer Wirksamkeit herauszuheben.
Auch die endgültige Aufstellung der Falle (181) ist syntaktisch wiederum verquert: Das von Ovid gesetzte *lecto circumdata collocat arte* muß verstanden werden, als stünde dort *lecto circumdat et arte colloca* [12].
Der nun folgende Sinnabschnitt beinhaltet in ganz logischer Abfolge das Zuschnappen der Falle. Aufgrund der gestrafften Erzählweise wird von Ovid gar nicht angeführt, daß Venus und Mars die Gelegenheit erhalten, sich zu treffen - die Zusammenkunft schwebt daher etwas im luftleeren Raum, erscheint jedoch nicht unpassend oder unlogisch. Interessant ist hier Ovids Wertung: Mars(182) ist der *adulter*, der Ehebrecher, Venus wird relativ neutral nach ihrem Status mit *coniunx* bezeichnet, wobei hier jedoch auch eine indirekte Wertung vorliegen könnte, daß sich nämlich eine römische Ehefrau nie mit einem Liebhaber einlassen sollte. [13]
Die - wie gezeigt - ausführlich in ihrer Herstellung beschriebene Falle wird nun nochmals hinsichtlich ihrer Funktionstüchtigkeit und somit indirekt auch hinsichtlich ihrer hervorragenden Machart erwähnt: Das *arte viri*(183) ist eine Variation des vorher erwähnten *arte*(181) und meint auch hier soviel wie "kunstvoll". Insgesamt wirkt de Vers 183 durch die Fülle der ablativischen Ausdrücke sehr kompakt, fast überladen, was durch die Alliteration *viri..vinclisque* noch unterstützt wird.
Nachdem nun also über die Verse 182 und 183 die Spannung

aufgebaut worden ist(Zusammenkunft des Paares, Kunstfertigkeit der Falle), kommt es in V 184 zum langerwarteten Höhepunkt: Die Falle schnappt zu, das Paar wird in flagranti ertappt.

Waren Venus und Mars noch in V 182 als Einzelpersonen genannt worden (*coniunx/adulter*), die *in unum torum* zusammenkamen, wird nun das Gemeinsame der Situation trefflich durch *ambo* ausgedrückt. Das gemeinsame Schicksal wird daneben noch durch den Hyperbaton *in mediis..amplexibus*, der *ambo deprensi* symbolisch umschließt, verdeutlicht, wobei hinzukommt, daß die Junktur *medii amplexus* singulär sein dürfte. [14]

Es folgt im Ablauf die Götterversammlung, die sich prinzipiell bis zum Ende der Erzählung hinzieht (d.h. bis V 189), die jedoch noch eine Binnengliederung beinhaltet:

185 - 189 Götterversammlung
187   Vorschlag
188   Göttergelächter
189   Folge

Den zügigen Erzählfluß im Sinn schließt Ovid diese letzte Periode wiederum [15] mit *extemplo* an das bisherige Geschehen an.

Der Beginn der Götterzusammenkunft ist denn auch knapp und sachlich erzählt, entbehrt jedoch nicht einer gewissen Genauigkeit: Vulcanus öffnet erst die (genau beschriebenen) Türen, dann kommen die (zufällig anwesenden?) Götter herein (185/186). Interessant ist die genealogische Antonomasie *Lemnius* statt *Vulcanus*(185): Ovid scheint hier auf die bei Homer [16] und auch in der Ars Amatoria [17] erwähnte Reise des Vulcanus nach Lemnos anzu-

spielen, die er in den Metamorphosen wegen der Gerafftheit der Erzählung nur an dieser Stelle andeutet.
Der nun folgende Abschnitt enthält sowohl das Entdecken des Paares (186 mit Enjambement zu V 187) als auch den bereits aus der Odyssee bzw. der A.A. bekannten Vorschlag zur Lösung der verzwickten Lage (187/188)[17]. Beide Sachverhalte sind jedoch ganz knapp in je einem Satz ausgedrückt. Verbunden sind diese Teile durch das Wortspiel *turpiter*(187) [18] - *turpis*(188). Man kann für *turpis* zwei tendenzielle Wortbedeutungen ausmachen:

a. *turpis* hat eine allgemeine Bedeutung im erotischen Bereich und bedeutet soviel wie "schimpflich" bzw. prosaisch "unanständig".
b. *turpis* kann aber auch im Sinn von "lächerlich" gebraucht werden.

Genau auf diese beiden Wortbedeutungen spielt Ovid an: Zum einen beschreibt er die Lage von Venus und Mars als *turpiter* (= schimpflich), zum anderen zielt der von einem Gott gemachte Vorschlag darauf ab, an Mars' Stelle *turpis* zu sein: Sich also im engeren Sinn schimpflich zu benehmen und somit (im weiteren Sinne) sich lächerlich zu machen, hier jedoch mit dem Tenor: "Eine Frau wie Venus ist es wert, daß man sich für sie der Lächerlichkeit preisgibt".
Ovid konnte sich ziemlich sicher sein, daß der antike Leser sein Spiel mit der Bedeutungen trotz knappster Ausdrucksweise verstand: In der homerischen Fassung ist dieser Gedanke in ein ausführliches Gespräch zwischen Apollon und Hermes gekleidet [19], und in der den meisten Lesern ebenfalls bekannten Geschichte der A.A. umfaßt diese Szene 2 Verse [20], so daß sich Ovid in den Metamorphosen

mit einer sehr knappen Ausdrucksweise begnügen konnte, in die er allerdings noch das erwähnte Wortspiel einflocht. Auch die weitere Ausgestaltung des göttlichen Vorschlags ist ungewöhnlich: Die von Ovid benutzte Litotes *de dis non tristibus*(187), die noch eine Alliteration enthält, ist bei Ovid ebenso singulär wie der mit *optat* konstruierte NcI.

Das sich nun anschließende "Göttergelächter" ist im Vergleich zur Odyssee recht dürftig [21]: Hier wird lediglich mit dürren Worten konstatiert, daß die Götter lachen. Formal auffällig wird dieser "Heiterkeitsausbruch" der Götter durch die Silbenwiederholung *-ri ri-*. Begleitumstände ihrer Verhandlung lassen sich lediglich aus der bereits erwähnten Litotes ablesen bzw. an der zwischen den Zeilen zu erkennenden "latent lasziven Grundhaltung" der Götter, die an der Frivolität des Wunsches deutlich wird.

Durch ein Enjambement und durch ein angehängtes *-que* eng mit der eigentlichen Erzählung verknüpft(188/189) endet die Erzählung knapp, so daß es dem gesamten Erzählstil entspricht, mit einer abschließenden Phrase, die auf den Bekanntheitsgrad dieser Episode im Himmel (und somit auch bei den Lesern) abzielt: *haec fuit in toto notissima fabula caelo*. Die Anspielung auf den Bekanntheitsgrad ist wiederum als doppeldeutige Aussage zu sehen: Zum einen spielt Ovid ganz allgemein darauf an, daß das "Venus-Mars-Motiv" sehr bekannt ist [22], zum anderen konnotiert der aufmerksame Ovid-Leser gerade beim Wortlaut der Zeile 189 die ganz ähnlich angelegte Wortgestaltung in der A.A.: *fabula narratur toto notissima caelo*. Stilistisch interessant ist, daß *toto caelo* parallel einmal mit *in*, einmal ohne *in* erscheint: Hier kann man jedoch davon ausgehen, daß das in den Metamorphosen gesetzte *in* metrisch bedingt ist.

Der homerische Abschluß über die Zukunft des Paares, die Ovid in der A.A. mit einem Vers erwähnt hatte, wird in den Metamorphosen nicht angeführt: Die indirekte Folge dieser Episode war bereits in der Einführung durch Leuconoe angedeutet worden und wird in den folgenden Versen aufgenommen:

Venus rächt sich für diesen Verrat an Sol, indem sie ihn mit unglücklicher Liebe zu Leucothoe bzw. Clythie straft.

Anmerkungen: Venus und Mars/Met.

1 Victor CASTELLANI; Two divine scandals:
   Ovid Met.2,680ff and
   4,171 ff and his sources.
   in: TAPhA 110(1980)37-50,
   S.48
2 Franz BÖMER; P.Ovidius Naso Metamorphosen
   Buch IV-V
   Heidelberg 1976, S.67
   im folgenden zitiert als Bömer IV/V
3 Bömer IV/V, S.70
4 Bömer IV/V, S.71
5 B.AXELSON; Unpoetische Wörter, Lund 1945,
   S.26, typisch für Met.-Dichtung
6 Hom.Od.VIII 280
7 Ov,A.A. II 578
8 Hom.Od.VIII 280
9 Ov,Met. VI 54
10 Bömer IV/V, S.72
11 Bömer IV/V, S.72
12 Bömer IV/V, S.73
13 Stroh;a.a.O.,S.351 bemerkt dazu, daß Ovid in den Met mehr auf Anpassungskurs geht: keine aktuellen Anspielungen etc. mehr.
14 Bömer IV/V, S.73
15 vgl.Met 4,177: Auftakt zur Herstellung der Falle, auch hier liegt die Aktivität bei Vulcanus.
16 Hom.Od. VIII 283
17 A.A.II 579 'fingit iter Lemnon'

[18] lt.Konkordanz als Adverb in den Met.singulär.

[19] Hom.Od. VIII 334 -343

[20] A.A. II 585/86

[21] Hom.Od. VIII (326), 343f

[22] s.H.HUNGER; Lexikon der griechischen und
römischen Literatur,
Reinbeck⁶ 1974,
S.45f: zahlreiche Werke der bildenden Kunst

3. Kephalos und Procris: Ars Amatoria

Bei der Behandlung dieser mythologischen Erzählung werde ich mich auf eine knappe Darstellung des Ablaufes beschränken, in der auch die wichtigsten sprachlich-stilistischen Auffälligkeiten aufgezeigt werden sollen. Im Gegenteil zur Erzählung von Venus und Mars gibt es bei der Erzählung über Kephalos und Procris genügend Sekundärliteratur [1], auf die ich mich bei den folgenden Ausführungen neben eigenen Beobachtungen im wesentlichen stützen werde.

Aufgrund der relativ langen Erzählung möchte ich eine schematische Analyse voranstellen, um eine bessere Untersuchungsgrundlage zu bieten, was zugleich der Übersicht dient.

1. 683 - 686 Praeceptum 4 Verse
----
2. 687 - 712 Vorgeschichte 26 Verse
3. 713 - 720 Apostrophe 8 Verse
4. 721 - 746 Tragödie 26 Verse

Bei der Betrachtung dieser schematischen Aufschlüsselung fällt auf, daß die 8 Verse der Apostrophe die Symmetrieachse für die beiden Hauptteile der Erzählung bilden. An diesem Schema wird aber auch die Vorliebe der römischen Dichter, in Erzählungen Einheiten von je 26 Versen zu bilden, deutlich.[2]

1. Praeceptum

Die Geschichte von Kephalos und Procris im III.Buch der
Ars Amatoria, das an die Mädchen gerichtet ist, dient als
Exemplum für den Ratschlag Ovids, sich nicht von einer
vermeintlichen Nebenbuhlerin verwirren zu lassen unter
dem Motto *nec cito credideris*.
Der Übergang zur Procris-Episode ist fließend, indem Ovid
im Anschluß an das gegebene Praeceptum auf das *non leve
exemplum* der Procris(686) verweist. Singulär für die An-
kündigung eines Exemplum in der A.A. ist die Tatsache,
daß das Schicksal "expressis verbis" (*quantum cito credere laedat* 685) angekündigt wird.[3] Dieses Distichon
685/686 beinhaltet zugleich eine Doppelfunktion: Zum einen ist es mit der allgemeinen Mahnung von V 683f durch
die Wiederaufnahme des *nec* verbunden, zum anderen leitet
es durch den Hinweis auf das Subjekt des Exemplum zur
eigentlichen Erzählung über.[4]

2.Vorgeschichte

Unvermittelt setzt die bereits angekündigte Erzählung
durch eine ausführliche Ekphrasis ein, die insgesamt 4
Disticha umfaßt(687-694). Typisches Anfangssignal ist das
präsentische *est prope*(687), das durch die Alliteration
prope purpureos.. mit der nun folgenden Naturbeschreibung
eng verbunden ist.
Auffällig bei der stilistischen Ausgestaltung dieser Passage ist der einfache Satzbau sowie die daraus resultie-
renden kurzen, prägnanten Aussagen, die dem fiktiven Beobachter optische Signale und dem Leser sehr intensive
Bilder vermitteln (z.B.689 *facit,tegit*: hier noch chias-

tisch angeordnet innerhalb des Verses).[5]

Ovid beginnt im Distichon 687/688 mit einer allgemeinen Ortseinführung, wobei die Erwähnung des Hymettus, eines Berges südöstlich von Athen, eine nähere Lokalisierung des Geschehens ermöglicht. Eine zu dem angedeuteten idyllischen Bild passende weiche Stimmung wird auch über die Wortwahl evoziert: *purpureus, caespes mollis*.

Das Distichon 689/690 geht neben den erwähnten "Kameraeindrücken" besonders auf das olfaktorische Element der Natur ein(690), während das Distichon 691/692 die Botanik in haptischem Zusammenhang darstellt, was besonders durch die verwendeten Adjektive deutlich wird - *densus, fragilis, tenuis,cultus*(691/692). Gleichzeitig sind diese Adjektive sehr lautmalerisch, so daß dieses Distichon eine Art innere Dynamik erhält.

Das Distichon 693/694 schließlich subsummiert die vorher einzeln aufgeführten Pflanzen unter dem Oberbegriff *frondes herbaque tot generum*(694). Als ein Bestandteil der friedlichen Natur werden hier die einwirkenden Winde erwähnt - *lenes Zephyri auraque salubris*, beide mit positiven Adjektiven versehen. In Kenntnis der Entwicklung der Gesamterzählung jedoch ist dem Leser klar, daß "Aura" im Folgenden einen negativen Einfluß nimmt.

Man kann hier also von einer ungewöhnlich langen Ekphrasis sprechen, die bewußt eine friedvolle Stimmung hervorruft, die dann später in einem starken Kontrast zu der tragischen Entwicklung steht.[6] Gleichzeitig hat das Distichon 693/694 die Aufgabe, den Leser vor dem semantischen Irrtum, dem Procris erliegt, zu schützen[7] , indem er bei "Aura", besonders im Zusammenhang mit "Zephyri", eindeutig "Wind" denotiert.

Die Disticha 695 - 698 führen Kephalos in die Erzählung,

genauer in die Natur, ein, während gleichzeitig die ruhige Stimmung fortgesetzt wird (*quies, relicti*695;696 *lassus*= gilt als unpoetisch,*resedit*; 697*releves aestus*): Kephalos, der scheinbar von der Jagd kommt (695 *famulis.- .relictis*), macht es sich in der Natur bequem, wobei er das öfter zu tun pflegt (696*saepe resedit*,697*cantare solebat*). Mit der direkten imperativischen Anrede Auras' in Distichon 697/698 wird der semantische Irrtum hervorgerufen, dem Procris unterliegt: Durch die direkte Anrede lanciert "Aura" für "Nichteingeweihte" zu einer Person; das Gesagte kann und wird schließlich von dem *male sedulus* erotisch interpretiert werden.[8] Formal ist auffällig, daß Ovid sich den metrischen Gepflogenheiten des elegischen Distichons zu widersetzen versucht und z.B. einen Satz über zwei Disticha zieht, was zu einem fließenden Ablauf führt.

Mit dem Distichon 699/700 wird das dramatische Geschehen ausgelöst:

Ein *male sedulus*(699) löst die Polysemie "aura" falsch auf [9] und berichtet Procris, hier nur *coniunx* genannt, von den Reden des Kephalos.

Stilistisch sind die vielen Hyperbata (z.B. 699 *ad timidas...aures* mit gesperrtem Genitiv-Attribut *coniugis*; 700 *auditos ..sonos*) auffällig, ebenso die Tatsache, daß der Handlungsbeginn auch sprachlich durch das historische Perfekt (*rettulit*) markiert wird. Man kann also feststellen, daß dieses Distichon sprachlich sehr kunstvoll ausgestaltet ist, auch wenn es inhaltlich äußerst knapp gehalten ist, so daß sich der Leser einiges hinzudenken muß: Daß z.B. der *male sedulus* die Polysemie *aura* derart aufgelöst haben muß, daß es nun zu Verwechslungen kommt (denn er hat *memori ore* berichtet 700).

Es wird deutlich, daß dieses Distichon wiederum das Vorhergegangene mit dem Nachfolgenden verklammert, also eine Art "Brückendistichon" ist: Rückwärts gerichtet bezieht es sich auf das Verhalten des Kephalos und die Polysemie *Aura*, vorwärts hat es eben durch die falsche Deutung der Polysemie einen direkten Einfluß auf die nun folgende Reaktion der Procris.

Die Reaktion der Procris auf die ihr überbrachte Nachricht bringt Ovid in 2x6 Versen zum Ausdruck, einmal die Spontanreaktion der Procris (701-706) und dann die daraus resultierende Raserei (707-712).

Der 1.Teil läßt sich wiederum unterteilen:

Im Distichon 701/702 wird das Hören der Nachricht und Procris' Reaktion darauf angeführt: *excidit et subito muta dolore fuit*(702). Während das erste Verb auf die in den Versen 707-712 geschilderte Raserei verweist, wird die *muta dolore* in den nachfolgenden beiden Disticha 703/704 bzw. 705/706 näher ausgeführt. Der Leser wird durch das zu *paelex* gesetzte *quasi*(701) nochmals darauf hingewiesen, daß es sich bei der Meldung an Procris um einen Irrtum handelt, um zu verhindern, daß auch er die Polysemie *Aura* falsch auflöst, wie Procris es nun einmal getan hat.

Mittels eine "variatio" im Ausdruck (*palluit* statt *muta dolore fuit*) leitet Ovid zu einem breiten Vergleich über, indem er die erbleichte Procris in Relation zur Natur stellt:

Weinlaub im Winter(703/704), Quitten(705) und Kornelkirschen(706). Doch an dieser Stelle ist die Natur nicht mehr, wie z.B. in der Ekphrasis, lieblich bzw. stimmungsvoll, sondern sie ist häßlich und wird auch entsprechend negativ geschildert [10] - eine düstere, morbide Stimmung wird durch diesen Vergleich evoziert.

Stilistisch auffällig werden diese beiden Disticha durch den anaphorischen Beginn der Verse 703/704: *palluit/pallescunt*, gleichfalls durch kunstvoll verschachtelte Hyperbata (706 *cornua..apta*, verschachtelt mit *nostris..cibis* oder 703/704 *serae..frondes*).

Zu dem *Cydonia*(705) - Verweis auf Kreta - muß man *mala* ergänzen, so daß nur die auf der Insel Kreta beheimatete Quitte gemeint sein kann.

Ut rediit animus(707) - nachdem also Procris wieder aufgewacht ist, zeigt sie zunächst einmal die typischen Trauergebärden wie das Zerreißen der Kleidung (707/708) und das Zerkratzen des Gesichtes(708), wobei die *genae* als *indignae* bezeichnet werden - Verweis auf den falschen Verdacht der Procris, aber womöglich auch darauf, daß Procris derart von der Nachricht betroffen ist, daß sie den vermeindlichen Velust ihres Mannes an eine andere Frau wie einen Tod betrauert.

Die starken Prädikate *rumpit* und *sauciat*(708) stehen in einem Kontrast zu der durch *tenues vestes*(707) versinnbildlichten Zartheit der Procris und drücken so die Verzweifelung und auch den Wahnsinn besonders deutlich aus. Das Haareraufen (709) gehört zwar noch mit zum Trauerritus, doch hier wird es in Verbindung gesetzt zu Procris, die einer rasenden Bacchantin ähnelt [11].

Trotz der unverzüglichen Reaktion (*nec mora*709) läßt sich in dem Distichon 711/712 ein genau überlegtes Verhalten feststellen: Procris läßt - wie schon zuvor Kephalos - ihre Begleiter zurück, um sich Kephalos alleine zu nähern. Auch im Ausdruck wird die gute Planung der "Aktion" von Seiten der Procris deutlich: *clam*(712), *tacito pede*(712) sowie die Bezeichnung ihrer Aktion als *fortis*, wo sie doch eben noch als *timida* galt.

Mit Vers 712 endet der erst Abschnitt der Erzählung, was nicht nur inhaltlich, sondern auch sprachlich zum Ausdruck gebracht wird: Procris betritt das Wäldchen, in dem sich Kephalos ihren Informationen nach befinden soll - *nemus ..init*. Das *init*, ganz betont am Ende des Distichons, schließt Procris quasi von der Außenwelt ab. Sie hat nun keine Möglichkeit mehr, ihre Betrachtung mit Hilfe eines Außenstehenden zu objektivieren.

2. Apostrophe

Die Spannung hat nun den Höhepunkt erreicht: Man erwartet die Begegnung Procris' mit Kephalos - da unterbricht Ovid mit einer ausführlichen Apostrophe (4 Disticha 713-720) die Handlung und gibt eine psychologische Analyse der Vorgänge - eine Art retardierende Reflexion des Autors[12], die Lenz[13] für typisch elegisch hält, da sie eine ausführliche Studie der seelischen Verfassung der Procris beinhaltet.

In den ersten beiden Disticha (713/714 bzw. 715/716) wird Procris direkt angesprochen: Im ersten Teil mittels zweier rhetorischer Fragen, dann durch eine fiktive Affirmatio. Ovid malt darin die seelische Lage der Procris aus, nachdem sie *nemus init*, denkt also assoziativ weiter. Dabei wird deutlich, daß Ovid Procris als *male sana* bezeichnet und von daher ihr Verhalten bzw. die Leichtgläubigkeit, mit der sie an der Treue ihres Mannes zweifelt, verurteilt.

Das Distichon 715/716 greift nochmals die Polysemie "Aura" auf, jedoch so, daß Procris damit, auch wenn ein ein-

schränkendes *quaecumque erat* hinzugefügt ist, nur eine
Geliebte ihres Mannes verbinden kann. Hier stellt Ovid
sehr schön heraus, daß Procris Angst vor der Wirklichkeit
bzw. vor der Wahrheit hat.[14]
Das kommt besonders bei dem nun folgenden Distichon
717/718 zum Ausdruck, in dem die innere Zerrissenheit der
Procris psychologisierend beschrieben wird: *nunc piget*(717), *nunc iuvat*(718), beides anaphorisch am Versanfang, wobei das *piget* zu überwiegen scheint, da es in
Parenthese näher erklärt wird. Zusammenfassend wird dieser Gedanke nochmals abschließend im Pentameter gebracht
- Grund für das Ganze sei der *incertus amor*. Auch in der
Parenthese wird nochmals auf Procris' Angst vor der Wahrheit angespielt.
Das letzte Distichon der Apostrophe (719/720) bereitet
insofern den Übergang zur weiteren Erzählung vor, als
hier wieder die 3.Person (*putat, locus est, timet*) steht.
Auch das Distichon 717/718 war bereits durch die unpersönlichen Ausdrücke *piget* und *iuvat* unter Vermeidung eines direkten Objektes ein Mittler zwischen der direkten
Anrede in der 2.Person (713-716) und der Erzählform in
der 3.Person. Das Distichon 719/720 subsummiert nochmals
die Indikatoren, die nach Procris' subjektiver Einschätzung auf die Untreue ihres Gatten hinweisen: *locus
est et nomen et index* (719) *et quia mens semper..*(720),
wobei Ovid in Vers 720 seinen Vorwurf gegenüber Procris
etwas relativiert und ihn auf die allseits bekannten Irrtümer der *mens* schiebt.
An dieser Apostrophe erkennt man deutlich das retardierende Moment auf dem Spannungshöhepunkt, indem von Ovid
ganz bewußt die künstlerische Fiktion [15] durchbrochen
wird, um, wie gesagt, den Leser noch etwas "auf die Fol-

ter zu spannen", um gleichzeitig aber auch der Erzählung
eine subjektive Färbung zu geben.
Erkennbar ist das Interesse Ovids am "Seelenleben" seiner
Hauptfiguren, indem er hier eine ausgefeilte Psychologi-
sierung der inneren Zerrissenheit der Procris darstellt.

3. Die Tragödie

Nach diesem "Exkurs" Ovids schließt die Erzählung nahtlos
an das *nemus init*(712) an - Procris sieht Spuren, die sie
im Sinne der falschgedeuteten Polysemie "Aura" auch in
diesem Kontext betrachtet und deutet. Kephalos kommt in
dem Distichon 721/722 zwar nur als *vestigium* vor, doch
gerade dadurch ist er letztlich das auslösende Moment für
die Wiederaufflammung der Erregung bei Procris (722 *mi-
cante corde, trepidi sinus*): Die Spannung der Procris
überträgt sich auch auf das Distichon [16], dessen Höhepunkt im Pentameter liegt, in dem normalerweise die Spannung bereits wieder abflaut.
Doch das nun folgende Distichon 723/724 wendet sich, erkennbar durch das *iamque* am Versanfang, etwas Neuem zu -
unvermutet wird eine Zeitangabe eingeschoben, die als
Signal für den Beginn des Konfliktes dient. Durch das
Plusquamperfekt wird die Handlung von hinten her aufge-
rollt, d.h. das Hintergrundtempus schafft Raum für eine
neue Aktion.[17] Gleichzeitig bekommt die Zeitangabe gerade
durch ihre Unvermitteltheit Gewicht, so daß es nicht abwe-
gig erscheint, sie metaphorisch zu deuten: Vordergründig
ist es Mittag (723 *dies medius*), was auch im Pentameter
zum Ausdruck kommt (724 *in pari spatio*) - gleichzeitig
jedoch kann man sagen, daß sich der Tag bereits neigt,

daß am Abend das Ende (im übertragenen Sinne) erreicht
ist und das Schicksal nun nicht mehr abwendbar ist, nachdem einmal der Scheitelpunkt überschritten wurde.
Auch bei diesem Distichon läßt sich wieder eine Verbindungsfunktion feststellen: Rückwärts gerichtet auf die
vergangenen Ereignisse, also die Aktionen bis zum Mittag,
vorwärts gerichtet auf das nun noch Folgende, das sich
bis zum Abend hinziehen wird.
In den nun folgenden 5 Disticha (725 - 734) entwickelt
sich die dramatische Handlung hin bis zum Unglück.
Zunächst einmal erscheint ein gelassener Kephalos
(725/726), angekündigt, um die Spannung anzuheizen, durch
ein deiktisches *ecce*. Interessant ist die Apposition *Cyllenia proles*(725): Kephalos als Abkömmling Merkurs, der
in Cyllene auf der Peloponnes geboren worden war und dem
von daher dieses Gebiet heilig war.
Sprachlich und inhaltlich auffällig ist in Vers 726 die
Alliteration *fontana fervida* mit den chiastisch angeordneten Bezugswörtern *oraque...aqua*, die betont am Versanfang bzw.-ende stehen: Erreicht wird dadurch neben der
Betonung eine enge formale Verbindung, obwohl die Adjektive inhaltlich völlig entgegengesetzt sind.
Auch in dem Distichon 727/728 steht Kephalos noch im Vordergrund der Handlung, doch hier ist Procris, vom Autor
direkt angesprochen (*anxia, Procri, lates*) [18] in diese
Idylle unbemerkt eingebrochen. Der ahnungslose Kephalos
benimmt sich wie immer (*solitas iacet*), doch in der für
ihn ebenfalls üblichen direkten Anrede der Winde
(s.V.697/698), in der Zephyrus und Aura durch *que* unverkennbar verbunden sind, löst sich nun auch für Procris
wie schon vorher für den Leser [19] die Polysemie. Daraufhin läuft die Handlung in schnellem Wechsel der beiden

Beteiligten unaufhaltsam ab:

Der *error* für Procris war *iucundus*; nun kehren ihre Sinne zurück, zuerst die *mens* [20], dann die *color* [21] - und zwar in umgekehrter Reihenfolge wie der Verlust(V 729/730). Ihre innere Spannung ist gelöst [22], Procris will nun handeln und auf Kephalos zugehen - *surgit..movit*(7-31/732).

In Distichon 733/734 erfolgt die Reaktion des Kephalos darauf: Da er nicht omnipotent ist, hält er Procris für eine *fera*(733) - das Schicksal erscheint unabänderlich, da er den Bogen ergreift(734).

Stilistisch auffallend ist hier, daß sich die Dramatik im Pentamer zuspitzt bis hin zur Aposiopese. Denn mit dem Distichon 735/736 schaltet sich Ovid, nachdem er auf dem Höhepunkt der Handlung seine Schilderung unterbrochen hat, wiederum durch eine Apostrophe in das Geschehen ein, indem er Kephalos als *infelix* benennt. Doch auch wenn er ihn noch quasi in letzter Minute von dem Wurf abzuhalten scheint (735 *+supprime tela: non est fera*) - es nützt nichts, im Pentameter(736) folgt die schon fast sachlich zu nennende Feststellung: das Mädchen ist durchbohrt. Ovid hat hier wohl auf die genaue Schilderung des Vorfalles absichtlich verzichtet, um diese Untat nicht elegisch verarbeiten zu müssen. Wiederum haben wir es hier mit einem verbindenden Distichon zu tun, zum einen durch den direkten Bezug auf das Vorhergegangene (*quid facis*), zum anderen durch den nun folgenden Tod der Procris.

Normalerweise könnte hier die Erzählung enden, da wir an einem Punkt angelangt sind, an dem das Exemplum seine Funktion, das anfangs gegebene Praeceptum (*nec cito credideris*) zu unterlegen, erfüllt hat.

Doch Ovid fügt noch zehn weitere Verse an (737-746), die

sich wie folgt aufteilen:

a. 737 - 742   letzte Worte der Procris

b. 743 - 744   letzte Handlung des Kephalos

b. 745 - 746   Kephalos und Procris

a. Procris, die ihren Irrtum also noch rechtzeitig erkannt hat, beteuert im Tod ihre Liebe zu Kephalos (737 *amicum pectus*), wobei jedoch meines Erachtens der sachliche Ausdruck *fingere* nicht zu den sonst salbungsvollen letzten Worten der Procris paßt. In den Versen 739 bzw.741 spielt Procris nochmals auf ihren falschen Verdacht an (*nulla paelice laesa* bzw. *nomine suspectas..auras*), was Kephalos jedoch nicht verstehen kann: Für ihn klingt es wie eine Belobigung seiner Treue bis in den Tod hinein.

b. Kephalos hält die sterbende Procris (*corpora morienta*) in seinem Arm. Procris' Bezeichnung als *domina*(743), ein für die Elegie schon fast "klassisches" Wort zur Verdeutlichung der Beziehung zwischen Mann und Frau, wobei die Frau die Stärkere ist, scheint hier schon fast parodistisch gesetzt zu sein, als eine Art Persiflage der antiken Liebeselegie. Die *vulnera saeva*(744) deuten als deren Ergebnis das ausgesparte tragische Ereignis an.

c. In dem letzten Distichon der Erzählung (745/746) stirbt zunächst Procris (*exit* 745), Kephalos nimmt daraufhin den Atem seiner sterbenden

Frau auf (746 *excipitur*).

Dieses Distichon ist in seinen beiden Teilen durch ausgefallene Wortstellungen sehr eng verbunden: Neben der auffälligen Alliteration *paulatim pectore*(745) bildet *lapsus* einen Hyperbaton mit *spiritus*(746). Gleichzeitig stehen *spiritus ore*, umrahmt vom zusammengehörigen *miseri viri*, ungetrennt nebeneinander, um auch formal die enge Verbundenheit über den Tod hinaus zum Ausdruck zu bringen.

Nach Abschluß der Erzählung scheint es Ovid selbst deutlich zu werden, daß sein Exemplum recht lang geraten ist - *sed repetamus opus* (747) ermahnt er sich selbst und gibt damit indirekt zu verstehen, daß er die Erzählung fast als Exkurs betrachtet, von dessen rührendem Ende er sich richtiggehend "losreißen" muß, um seine Ratschläge in Buch III zu vervollkommnen.

Trotz ihrer Länge ist die Erzählung jedoch durch die Klammerdisticha klar strukturiert, so daß das Exemplum in seiner Gesamtheit sehr luzid und somit auch einleuchtend für den Rezipienten ist.

Anmerkungen: Kephalos und Procris/A.A.

[1] F.W.LENZ; Kephalos und Procris in Ovids A.A.

in: Maia 14(1962) 177-186

sowie

M.WEBER; Die mythologische Erzählung in Ovids Liebeskunst; Frankfurt/M. 1983, der sich in seiner Behandlung des Mythos sehr stark auf die Arbeit von Lenz bezieht.

[2] Lenz; a.a.O., S.180
[3] Weber; a.a.O., S.133
[4] Weber 133 bzw. Lenz 180
[5] Weber 134 spricht hier von "Kameraeindrücken"
[6] Weber 134 spricht von einer "Kontrastwirkung"
[7] Weber 134
[8] Weber 135:'aestus'z.B. als leidenschaftliche Glut,'accipere sinu' als erotische Handlung.
[9] Weber 135
[10] Weber 136
[11] vgl. die ähnliche Schilderung der rasenden Dido in Ver,Aen.4,300-303
[12] Weber 136
[13] Lenz 182
[14] Weber 136
[15] Weber 136
[16] Weber 137
[17] M.v.ALBRECHT; Ovids Metamorphosen

in:

E.BURCK(Hg.); Das römische Epos, Darmstadt 1979,120-154,

S.147 "überholendes Plusquamperfekt"

[18] in diesem halben Vers wird der gesamte Seelenzustand der Procris zum Ausdruck gebracht.

[19] s.V 693

[20] s.V 707-712

[21] s.V 701-706

[22] Weber 138

4. Kephalos und Procris: Metamorphosen
genauer: Tod der Procris

Betrachtet man die Länge des Mythos in den Metamorphosen im Vergleich zur Darstellung in der Ars Amatoria, fällt auf, daß den 59 Versen in der Ars (A.A.III 687 - 746) 172 Verse in den Metamorphosen gegenüberstehen (Met.VII 690 - 862):
In der Ars fehlen längere Passagen des Mythos, die in den Metamorphosen ausführlich geschildert sind.
Der Mythos von Kephalos und Procris beschließt das 7.Buch der Metamorphosen und ist den attischen Sagen beigefügt.[1]
Im einzelnen beinhaltet er:[2]

a. VII 690 - 746 Kephalos und Aurora
  Versuchung und Flucht der Procris
b. VII 747 - 758 Rückkehr der Procris, ihre Geschenke
c. VII 759 - 793 Der Hund Laelaps;
  der teumessiche Fuchs
d. VII 794 - 862 Höhepunkt und Katastrophe:
  Der Speer und der Tod der Procris

Für unseren Vegleich soll Punkt "d", der Tod der Procris, herangezogen werden. Dabei läßt sich zu der Fassung in der A.A., die eben nur diesen Teil behandelt, eine nahezu identische Länge feststellen - 59 Verse in der A.A., 69 Verse in den Met.
Es stellt sich hier nun die Frage, inwieweit die beiden Fassungen inhaltlich übereinstimmen oder wo sich Differenzen feststellen lassen. Zu diesem Zweck soll eine mög-

lichst knappe Detailanalyse der Darstellung in den Met. vorangehen, bevor dann diese Ergebnisse in Teil C den Arbeitsergebnissen der untersuchten A.A.Erzählung gegenübergestellt werden.

Auch hier soll wieder eine schematische Analyse der Untersuchung vorangestellt werden, um so auch später hinsichtlich des Aufbaus genügend Untersuchungsmaterial zur Hand zu haben.

Danach ergibt sich folgende Gliederung:

1. 794 / 795   Überleitung
               (aus dem Vorhergegangenen)   2 Verse
----
2. 796 - 834   Hinführung zur Katastrophe
   a.796 - 803 allgemein: Ehe   8 |
   b.804 - 834 konkret: auf Katastrophe | 39 Verse
               bezogen   31 |
3.   835   Brückenvers   1 Vers
4. 836 - 862   Katastrophe   27 Verse

Betrachtet man dieses Schema, egibt sich eine gewisse Symmetrie hinsichtlich der Ereignisse, die genau auf die Katastrophe abzielen:

Den 31 Versen der Vorgeschichte stehen 27 Verse gegenüber, eingeleitet durch einen temporären Brückenvers. Die 8 Verse, in denen Kephalos von seiner glücklichen Ehe erzählt, passen, da sie nicht direkt zu den tragischen Ereignissen ghören, nicht in die angeführte Symmetrie, bilden jedoch, wie wir noch sehen werden, einen starken inhaltlichen Kontrast eben zu der Katastrophe.

1. Überleitung

Durch die Wendung *hactenus, et*, die in den Met. immer temporal den Abschluß einer Erzählung oder Handlung bezeichnet [3], schafft Ovid die Möglichkeit, auf ein neues Thema überzuleiten. Anlaß zu dem nun Folgenden ist die Frage des Phocus, was der Speer des Kephalos nun eigentlich verbrochen habe (*iaculo quod crimen in ipso est?* 794), wobei diese Frage rhetorisch sowohl durch die Betonung des Speeres mittels *ipse* und durch die Inversion *iaculo quod* ausgestaltet ist.

Ovid versucht nun, die Erzählung über den Speer und damit verbunden den Tod der Procris "ungezwungen" aus dem Gespräch heraus zu entwickeln. Erzähler ist der gealterte Kephalos [4], der die von ihm begangene Tat mit einer seelischen Erschütterung berichtet, ja fast beichtet.

Es ist jedoch offensichtlich, daß der Übergang rein poetisch ist: Kephalos trägt die Waffe, mit der er seine Frau getötet hat, aus einem "rein poetischen Grund" [5], damit Phocus ihn danach fragen und Kephalos daraufhin die Geschichte vom Tod der Procris erzählen kann - eine Überleitung, die, wie Bömer sagt [6], zum "poetischen Inventar der hellenistischen Dichtkunst" gehört.

2. Hinführung

a. allgemeine Schilderung des vergangenen Eheglücks

Kephalos beginnt seine Erzählung mit der sentenzartigen Gegenüberstellung *dolor..doloris*, wobei die konträren Positionen betont jeweils am Anfang bzw. am Ende des Verses stehen (796). Dieser Sentenz gemäß schildert er nun zunächst seine *gaudia*, d.h. ganz konkret sein glückliches

Eheleben (796 - 803), um daran anschließend auf seinen
dolor zu sprechen zu kommen (804 - 834).
Kephalos berichtet also chronologisch über vergangene
glückliche Zeiten, gleichzeitig weist er jedoch auf das
Unglück hin, das ihm widerfahren ist, wenn er sagt, *iuvat
meminisse beati temporis* (797/798).
Auffällig hinsichtlich ihrer stilistichen Ausgestaltung
sind die beiden Anastrophen *iuvat o meminisse*(797) und
quo primos rite per annos (798), deren Betonung letztlich
auf den Höhepunkt in Vers 799 hinweist: Dieser Vers il-
lustriert das beidseitige Glück der Eheleute in rhetorisch ausgefeiter Form - chiastisch ist die Wortstellung:
Die beiden Hälften des Verses wirken wie Spiegelbilder,
was die völlige Harmonie des Ehepaares zum Ausdruck
bringt. Diese Symmetrie geht bis in Einzelheiten der
Wortwahl: Dem *maritus* ist die *coniunx* gegenübergestellt,
als Prädikat fungiert beide Male die Kopula *esse* im Imperfekt - Ausdruck für Kontinuität - mit dem Prädikatsno-
men *felix*, das, wie gesagt, als Polyptoton den 2.Teil des
Verses beginnt.
Dieses gemeinsame Glück wird in den Versen 800 - 803 näher ausgeführt. Stark betont in V 800 ist die Beidseitig-
keit der Gefühle, ausgedrückt durch die Adjektive *mutua*
und *socialis* (800), wobei die Verwendung von *socialis*
insofern bemerkenswert ist, als es in Verbindung mit *amor*
bei Ovid zum ersten Mal an dieser Stelle gesetzt ist. Vor
Ovid war es nur auf die römischen *socii* bezogen [7], kam
auch in späterer Dichtung nur ganz vereinzelt vor.
Auch das als Objekt fungierende *duos* hebt auf die gemeinsame Liebe ab. Diese Aussage wird in den drei folgenden
Versen (801 - 803) dahingehend weiter aufgeschlüsselt,
daß Kephalos zwei Episoden, die zu dem Gesamtkomplex des

Mythos von Kephalos und Procris gehören, anspricht, in denen die Ehepartner von einem göttlichen Wesen zum Ehebruch verführt werden sollten:

Im Zusammenhang wird Juppiter erwähnt, der angeblich Procris nicht hat zur Untreue verführen können - Kephalos verfälscht hier schlichtweg die Fakten:

Durch Aurora angestachelt, hatte er verkleidet versucht, Procris durch das Versprechen von Geschenken zum Ehebruch zu bewegen. Als sie schließlich auf das Werben des ihr vermeintlich Unbekannten einging, triumphierte Kephalos. Erst nach einer gewissen Zeit versöhnten sich beide wieder.[8]

Er selbst, führt Kephalos an, könne von keiner versucht werden, nicht einmal von Venus - allerdings verschweigt er, daß es Aurora war, die ihn verführen konnte.[9] Die Göttin ließ sich zwar erweichen und schickte ihn zurück, doch so kam die ganze Tragik erst in Gang, daß Procris ihrem Mann nach der oben angeführten Versöhnung einen Speer schenkte [10], mit dem er sie letztlich tötete.

Es stellt sich die Frage, ob zu weitgehend interpretiert wird, wenn man Parallelen zieht zwischen der realen Nebenbuhlerin Aurora und der vermeintlichen Auro, oder ob, bis auf eine Klangähnlichkeit der beiden Namen, nichts Gemeinsames zwischen ihnen besteht.

Auffällig ist nur, daß Aurora Kephalos beim Jagen entführt hat [11], und Procris, als sie dem Phantom "Aura" hinterherjagte, bei einem Jagdunfall, durch Kephalos ausgelöst, getötet worden ist. Die Jagd scheint in dem gesamten Komplex also eine wichtige Rolle gerade in Hinblick auf tragische Ereignisse zu spielen.

Fassen wir also die Darstellung des Kephalos bis dahin

zusammen:

Er beteuert die unendliche Liebe auf beiden Seiten mit
dem beliebten Topos, daß Götter im Vergleich mit "irdischer" bzw. ehelicher Liebe den kürzeren zogen. Formal
fällt hier zunächst der anstelle von Konjunktiv Plusquamperfekt gesetzte Konjunktiv Imperfekt (801 *praeferret*,
802 *caperet, veniret*) auf, dazu die Wortwahl: *praeferre*(801) gehört zu den Vokabeln der Eifersucht, *capere*
(802) ist eine verbreitete Breviloquenz aus dem erotischen Bereich, zu ergänzen wäre hier *amore*[12].

In Vers 803 wird der Gedanke der Gegenseitigkeit mit der
Metapher der *aequales flammae* abgeschlossen - eine Metapher, die Ovid oft benutzt [13] , und die Leo, der vom Motiv des ἴσος Ἔρως spricht, aus der Neuen Komödie herleitet.[14]

b.Konkrete Hinführung zur Tragödie

Als Übergang zwischen der allgemeinen Schilderung des
Eheglücks und der nun folgenden Ereignisse, die letztlich
zu der Tragödie führen, dient in Vers 804 die Angabe der
Tageszeit; ein Bindeglied, das auch weiter unten nochmals
zum Einsatz kommen wird, wenn wiederum etwas Neues eingeleitet wird.

In den nun folgenden Versen spricht Kephalos von seinen
Jagdgewohnheiten. War in der Parallelerzählung in der
A.A. der Ort bekannt - Kephalos jagte am Hymettus [15] , so
ist hier lediglich die Gewohnheit geschildert, frei von
Raum und Zeit. Ausdruck wird dieser Gewohnheit verliehen
durch die häufige Verwendung des Verbum *solere* [16] im Imperfekt, daneben auch die bloße Verwendung des Imperfektes zur Bezeichnung der Gewohnheit (z.B. 808 *tutus eram*,

809 *erat, repetebam)*.

Formal auffällig ist zunächst einmal die sonst selten zu findende Verwendung des Verbum *ire* mit dem Supinum *venatum*(805), womit aber eindeutig von Kephalos aus klargestellt wird, daß er nur wegen der Jagd in den Wald geht und nicht, um eine Geliebte zu treffen.

Dazu kommt das Adverb *iuvenaliter* (805) [17], das zweifach übersetzt werden kann: Einmal kann es den "jugendlichen Elan" ausdrücken, mit dem Kephalos zur Jagd geht, kann aber auch derart übersetzt werden, daß etwas "in jugendlichem Übermut" gemacht wird.[18] Römer fügt in seinem Kommentar zu der Stelle an, daß an diesem Punkt beide Bedeutungen miteinander verschmelzen.

Inhaltlich ungewöhnlich ist bei der Schilderung der Jagdgewohnheiten die Tatsache, daß Kephalos allein auf die Jagd geht und jede Begleitung zurückweist (806/807). Hier liegt eindeutig ein poetischer Grund vor, wie wir es auch schon beim Tragen des Speeres beobachten konnten: Für die folgenden Szenen, in denen die Tragödie ihren Lauf nimmt, muß Kephalos alleine sein.[19] Gleichzeitg beinhalten diese beiden Verse über die Jagd einige Ausdrücke, die nicht unbedingt typisch sind: So war die Jagd zu Pferd im Altertum gleichwohl unbekannt.[20]

Zu den zurückgelassenen "Begleitern" gehören noch die *naribus acres canes* (806/807), deren wichtige Eigenschaft, der geschärfte Geruchsinn, durch die poetische Wortstellung herausgehoben wird, und die *lina nodosa* (807), wobei hier die Bezeichnung "Jagdnetze" wohl metonymisch für Jagdhelfer stehen dürfte.

Kephalos bringt nun (ab VV 808) die Rede auf sein Verhalten in der Natur, wobei er sich nicht mit Schilderungen von Jagdereignissen aufhält. Gleichwohl berichtet er

weiter im Imperfekt, wodurch auch dieses Verhalten für
ihn typisch (und somit fast normal) erscheint. Unterstützt wird dieser Eindruck durch das iterative *cum* in
Vers 808. In diesem Vers tritt auch das *iaculum* - der
Leser denotiert dazu sofort das Geschenk der Procris -
als Träger des späteren Schicksals ganz bewußt in die
Handlung ein, wobei die Satzaussage *tutus eram iaculo*
recht ungewöhnlich erscheint. Durch die Schilderung des
üblichen Ablaufes leitet Kephalos zu dem besonderen Tag
über, an dem das Tragische passiert. Dabei vermischen
sich in jedem Fall die Ebenen:
Rückwärts gesehen gehören die Äußerungen ab Vers 811, die
Ovid in direkter Rede des Kephalos aus dessen Mund wiedergeben läßt, zu dem üblichen Verhalten nach der Jagd;
im Hinblick auf die Tragödie jedoch bringen sie letztlich
die Handlung in Gang und lassen sich von daher ganz klar
auf den Tag beziehen, an dem die Selbstgespräche des Kephalos belauscht wurden.
Eingeleitet wird dieser Tag, beginnend in V 808, mit dem
cum-Satz: Kephalos berichtet, daß er Ruhe von der Jagd in
der Natur sucht (809/810) - er verschafft sich *frigus et
umbra* und *aura*, die zwar einerseits betont am Versende
steht, gleichzeitig jedoch recht unscheinbar in den in V
810 beginnenden Relativsatz gezogen ist. Diese "Aura" ist
hier noch eindeutig als "angenehmer Lufthauch" zu dekodieren, was sich jedoch in den nun folgenden Versen
grundlegend ändert:
In den nächsten drei Versen steht *aura* ganz betont am
Versanfang. Die Polysemie wird nun dadurch aufgebaut, daß
diese *aura* nicht mehr ohne Weiteres als "Wind" zu dekodieren ist, sondern stattdessen zusammen mit Ausdrücken
gesetzt wird, die auch im erotischen Kontext zu deuten

sind, z.B. 811 *aestus*, 812 *labor*, so daß man durchaus von eine beabsichtigten Illusionierung des Hörers und auch des Lesers durch die sprachliche Gestaltung sprechen kann.

Gleichzeitig wird in Vers 813 der Übergang vom Referat hin zum referierten Dialog des Kephalos geleistet. Dadurch, daß Kephalos im Folgenden "Aura" direkt anspricht, wird der Eindruck des Lesers, es handele sich bei *aura* um eine weibliche Person, verstärkt. Auch diese direkte Rede ist wieder bewußt zweideutig ausgestaltet, indem nochmals Ausdrücke wie *sinus intrare* (814), *aestus relevare* angeführt sind, die eine Deutung aus einem erotischen Kontext heraus ermöglichen. Auch die Konstruktion *velis* + Infinitiv (=Optativ) gilt als Charakteristikum für erotische Dichtung.[21]

Gleichzeitig wird mit dem *urimur* in V 815 nochmals das entsprechende Verb aus V 803 und damit die Feuer - Metapher aufgenommen. Auch dieses *urimur* liegt im Grenzbereich zur erotischen Bedeutung. Intention dieses Aufgreifens ist es jedoch hauptsächlich, die Verwechselung aufzuzeigen, die dadurch entsteht, daß das gleiche Verb zwar objektiv jeweils in einem anderen Kontext steht, daß aber durch die *voces ambiguae* des Kephalos auch der Ausdruck in V 815 in erotischem Kontext gesehen wird.

An diesem Punkt endet das Selbstreferat des Kephalos. Um den Zuhörer jedoch noch weiter in der Illusion zu halten, "Aura" sei seine Geliebte, gibt Kephalos eine hypothetische Angabe dessen, was er bei seinem "Naturrausch" sonst noch alles gesagt haben könnte - auch hier wieder unter iterativem Aspekt (V 818 *dicere sim solitus*). Zunächst einmal erscheint alles sehr hypothetisch, betont durch das *forsitan*(816) am Versbeginn und durch den durchgängig

gesetzten Konjunktiv Perfekt zur Verdeutlichung des Potentialis der Vergangenheit. Doch durch die in Parenthese gesetzte Wendung *sic me mea fata trahebant* (V 816), im übrigen eine vergilische Wendung, die von Ovid ins Erotische gezogen worden ist[22], erhält die gesamte Äußerung einen realistischeren Bezug, zumal Kephalos (bzw. Ovid) noch in die direkte Rede wechselt (V 817 - 820), um die eventuell noch gesagten Worte zu referieren.
Stilistisch auffällig ist die verstärkte Häufung von Pronomina, die dem Ganzen einen leicht pathetischen Akzent verleihen. Desweiteren fällt die *tu* - Prädikation auf, die ebenfalls dazu beiträgt, daß dem Hörer weiterhin die Illusion bleibt, Kephalos habe eine Person "Aura" angesprochen. Neben den schon gängigen Vokabeln, die leicht einem erotischen Kontext zugeordnet werden können (z.B. 817 *voluptas*, 818 *me reficisque fovesque*), fällt besonders die Diktion in Vers 820 ins Auge: Es ist fast Ironie des Schicksals zu nennen, daß mit einem recht ähnlichen Ausdruck [23] die Sterbeszene der Procris in V 861 beendet wird. Auch hier wird dieser Aussage wieder Pathos durch die Pronomenhäufung *iste tuus* verliehen.
Durch diese realen und vermeintlich potentiellen Reden wird ab Vers 821 die Tragödie letztlich in Gang gesetzt: Denn irgendjemand, Kephalos sagt *nescio quis* (822), wobei es keiner von seinen Begleitern sein kann, hört die *voces ambiguae* (821) und löst die Polysemie derart auf, wie Ovid es mit seiner sprachlichen Gestaltung beabsichtigt hat: Aufgrund des *tam saepe* Gesagten (gemeint ist hier ganz konkret die wörtliche Anrufung der "Aura" in den Versen 813 - 815) glaubt der Lauscher, es handele sich bei "Aura" um eine Nymphe, die Kephalos liebe. Diese Schlußfolgerung in Vers 823, besonders ausdrucksstark

durch das Polyptoton *nymphae, nympham*, beschreibt erstmals die Illusionierung, die bis dahin nur immer in den Gedanken des Lesers vorhanden war, geschürt durch einige wohldosierte Bemerkungen des Autors, die bewußt in diese Richtung lenkten.

Auf das Belauschen erfolgt knapp in zwei Versen (824/825) die Benachrichtigung der Procris: Auch hier kann der Verleumder nicht näher identifiziert werden, genannt wird er lediglich der *temerarius index* (824).[24] An der Wortwahl erkennt man, daß sich Kephalos seiner Unschuld völlig sicher ist: Zum einen sagt er, das *crimen* sei *fictum* (824), desweiteren belegt er die Meldung mit dem Adjektiv *susurrus*, dem ein gewisser negativer Klang anhaftet.

Auf eine kurze Sentenz, *credula res amor est* [25], die nur einen halben Vers einnimmt, folgen die Reaktionen der Procris, nachdem sie die Meldung vernommen hat: Zunächst referiert Kephalos, der über die Ereignisse gut informiert erscheint (*ut mihi narratur* 827), in einer langen Periode (826-831) das Verhalten seiner Ehefrau, wobei er indirekt die Worte der Procris wiedergibt - auf den körperlichen Zusammenbruch (bis V 828) folgen die Wehklagen (828 - 831) über ihr Schicksal.[26]

Durch die rasche Erzählweise der Klagen bekommt dieser Teil der Erzählung eine gewisse Lebhaftigkeit dadurch, daß innerhalb dieser vier Verse indirekt durch Procris eine Vielzahl von Aussagen getroffen wird. Gleichzeitig jedoch spielt in diesen Bericht die Sichtweise des Erzählers Kephalos hinein. Indem er den Gegenstand der Furcht als *nomen sine corpore* (830) bzw. als *nihil* (830) bezeichnet und diese beiden Charakterisierungen durch die Gemination *metuit, metuit* betont verbindet, löst er für den Leser die Illusion recht bewußt auf. Auch dadurch,

daß er Procris als *infelix* (831) bezeichnet, die "wie an
einer echten Nebenbuhlerin" [27] leidet, macht er dem Leser
den Irrtum seiner Frau deutlich.
Die sich anschließenden Verse 832 - 834 behandeln Procris
als *timida* bzw. wohl eher als *anceps*. Durch den climati-
schen Aufbau der Prädikate dieser Periode - *dubitat*(8-
32)*speratque*(832)..*negat*(833)..*damnatura* [28] *non est*(834)
- wird der Entscheidungskampf, der in Procris tobt, deutlich. Jedoch scheint sich ihre Einstellung dahingehend
auszubilden, daß sie Kephalos möglichst objektiv gegen-
übertreten will (*nisi viderit ipsa* 833). Derart versöhn-
lich endet der 1.große Teil - es scheint fast so, als
wolle sich alles noch als harmlos aufklären.

3. Brückenvers: Hinwendung zum Tragischen

Ein einzelner Vers (835) hat nun die Aufgabe, die Ereignisse von "hinten aufzurollen" und Platz für einen neuen
Handlungsstrang zu schaffen: Dadurch, daß bei dieser Zeitangabe - ein typisches Signal für etwas Neues - das
Plusquamperfekt gesetzt ist, wird das Vorhergegangene in
die weitere Vergangenheit einbezogen und die neue, nun
folgende Handlung eingeleitet.
Im Vergleich zu der entsprechenden Stelle in der A.A.
ergibt sich jedoch ein gewichtiger Unterschied: Passierte
dorst alles an einem Tag [29] , so liegt hier zwischen Meldung an Procris und deren Eingreifen mindestens eine
Nacht - es läßt sich also eine besonnenere Handlungsweise
der Procris erkennen.

4. Die Katastrophe

Mit Hilfe der oben erwähnten Zeitangabe führt Kephalos in seiner Erzählung nun auf den Tag der Katastrophe hin. Ovid erwähnt es zwar nicht, doch man muß bedenken, daß Procris das Folgende verborgen sieht bzw. hört.
Die Aktionen des Kephalos laufen nun ziemlich stringent ab. Zunächst einmal erscheint leicht modifiziert, da auf den bestimmten Tag abgestimmt, das dem Leser bereits aus den Versen 808 - 815 bekannte Bild "Kephalos geht in den Wald und spricht nach erfolgreicher Jagd Aura an" (836/837). Für Procris ist das insofern etwas Neues, als sie zum ersten Mal das ihr Berichtete mit eigenen Ohren hört.
Durch das Adverb *subito* (838) wird nun jedoch dem Leser verdeutlicht, daß etwas Neues, vom üblichen Ablauf Abweichendes geschieht. Kephalos hält es in seinem Bericht ganz unbestimmt und allgemein: *videbar nescio quos audisse* (838/839). Hier wird also die Illusionierung des Lesers und der verborgenen Procris fortgesetzt, indem irgendein von Kephalos gehörtes Geräusch betont nebensächlich zwischen zwei Anrufungen der Aura gesetzt wird, so daß der Leser mit diesem Geräusch fast notgedrungen nur einen Laut der angesprochenen "Aura" konnotieren kann.
Es ist schwer zu entscheiden, ob Ovid hier auch einer beginnenden Illusionierung des Kephalos Ausdruck verleihen will - das anknüpfende *tamen* mit der von ihm eingeführten zweiten Anrede an "Aura" (839) könnte darauf verweisen.
Durch *rursus* (840) erwähnt Kephalos nochmals das Geräusch - von diesem Punkt an nimmt das Schicksal durch eine Verkettung vieler *errores* seinen Lauf: Hatte bislang Kephalos durch seine *voces ambiguae* Procris getäuscht, ist es nun umgekehrt. Kephalos hält die Bewegungen der Procris,

die den *error nominis* erkannt hat und sich auf Kephalos zubewegen will, für die Laute einer *fera* in dem Gebüsch und verteidigt sich fast gleichzeitig mit dem Denkprozeß, indem er seinen Speer [30] in das Gebüsch schleudert (841 enge Verbindung der beiden Aktionen durch *-que*).
Die folgenden drei Verse (842-844) bieten dem Leser das Bild des totalen Durcheinanders: "Die Nennung des Namens unmittelbar nach dem Schuß und die völlig unlogische Gleichzeitigkeit von akustischen und optischen Elementen der Szene schafft gleich mit dem ersten Wort den absoluten Höhepunkt dramatischer Erregung: Kephalos nennt Procris, nennt ihre Wunde, weiß sogar, daß er *medium pectus* getroffen hat; erst dann erkennt er an der Stimme seine Gattin, hat sie (und ihre Wunde) aber in Wirklichkeit immer noch nicht gesehen, denn er muß der Stimme nach laufen, und sieht dann erst sein Opfer" [31].
Einige Reaktionen dieser kopflosen Verwirrung sind ganz parallel zu der A.A.-Fassung formuliert. Auch dort findet sich der Ausruf der Procris *Ei mihi* (843) [32].
Bei der Junktion *(ad vocem) praeceps amensque cucurri* (844) wird deutlich, daß sich Ovids tragische und erotische Sprache nahestehen, denn eine fast identische Formulierung findet sich in den "Amores" in einem jedoch völlig anderem Kontext.[33]
Die nun folgende lange Periode (845-850) bringt zwar nicht mehr das totale Chaos auf den Punkt, verdeutlicht jedoch in seiner Länge und durch die vielen Verbindungen mit *-que* den hektischen Ablauf der Handlung:
Kephalos findet Procris *semianimis* (845) und versucht verzweifelt, sie zu retten. Die fünf Prädikate, die diese Periode enthält - *invenio* (847), *attollo* (848), *ligo* (849), *conor* (849) und *oro* (850) - bilden von ihrem Aus-

sagewert her eine Klimax: Der Bogen der Handlung spannt sich vom Auffinden über Rettungsversuche bis hin zum Flehen, als nichts mehr hilft. Die beiden äußeren Verba sind besonders ausführlich ergänzt: Das *invenio*, das ganz am Ende der von ihm abhängigen Aussage steht, beinhaltet den wichtigen Verweis darauf, daß Kephalos seine Frau mit ihrem eigenen Geschenk getroffen hat (*sua..dona* 846). Die wunderbare Eigenschaft des Speeres [34] tritt hier plötzlich nicht mehr in Erscheinung: Der Dichter braucht sie nicht und übergeht sie, als ob es sie nie gegeben hätte. Die drei mittleren Prädikate haben, da sie sich alle mit dem "Helfen" beschäftigen, jeweils nur relativ kurze Ergänzungen. Hier sind allerdings einige inhaltliche Dinge bemerkenswert: Die Häufung der Pronomina, z.B. *meo mihi* (847), wirkt recht pathetisch und verstärkt den sowieso schon dramatischen Vergleich *corpus meo mihi carius..attollo* (847/848) noch dahingehend. *Ulnae* stehen hier als "Pars pro toto" für den "gebogenen Arm" [35].

Was in Verbindung mit dem ihm zugeordneten Prädikat *ligo* (849) als notwendige Vorbereitung für einen Rettungsversuch gilt, nämlich *scissaque a pectore veste* (848), wird sonst als Wendung für den bekannten Gestus der Trauer, dem Zerreißen der Kleider [36], gebraucht. Man könnte hier vermuten, daß in der Diktion schon das ausgesprochen wird, was durch die Handlung noch versucht wird zu verhindern: der Tod der Procris.

Das letzte Prädikat dieser Reihe, *oro* (850), läßt erkennen, daß Kephalos seine Bemühungen für vergeblich hält: Da er sich schuldig an dem Vorfall bekennt, hofft er, daß Procris ihn nicht *sceleratus* [37] zurückläßt.

Die darauf folgenden letzten Worte der sterbenden Procris (851-856) sind der "rhetorisch sehr sorgfältig stilisierte Höhepunkt der Erzählung des Kephalos"[38]. Die Dramatik dieser Worte wird dadurch betont, daß die bei der Einleitung zur wörtlichen Rede der Procris verwandten Ausdrücke das langsame Sterben der tödlich getroffenen Frau verdeutlichen: *se coegit..loqui* (851/852), *viribus carens* (851) und *moribunda* (851). Und dennoch ist, wie bereits erwähnt, die folgende Rede hochgradig stilisiert. Es folgt ein viermaliger anaphorischer Aufruf mittels *per* durch die sterbende Procris, wobei nach dem "Gesetz der wachsenden Glieder" die Aussagen nicht nur qualitativ, sondern auch quantitativ immer umfangreicher werden: Zunächst beschwört Procris die *foedera lecti* (852, 8 Silben), also ihre Ehe mit Kephalos, dann die Götter (853, 15 Silben) - sowohl die der Erde, die *superi dei*, als auch die Götter der Unterwelt, die Procris im Angesicht des Todes bereits *mei dei* nennt. Gleichsam als Trennung zwischen den vier *per* - Gliedern ist nach dem zweiten Glied an dieser Stelle nun das Prädikat der direkten Rede eingeführt: *supplex oro*, durch das Adjektiv noch besonders verstärkt. Das nun folgenden dritte Glied ist eine Anrufung an Procris eigene *merita* (854, 10 Silben), etwas bescheidener, da kürzer, als die vorhergegangenen Äusserungen und im gewissen Sinne ein retardierendes Moment. Das letzte Glied ist gleichzeitig der Höhepunkt der gesamten Anrufung: Procris appelliert an die den Tod überdauernde gemeinsame Liebe (854/855 *amor manens*). Formal läßt sich an dieser Stelle ein weites, von Versschluß zu Versschluß reichendes, Enjambement beobachten mit *amorem* als einer Art abschließender Sphragis.[39] Dazwischengefügt ist als Apposition *causam mihi mortis* nach dem "Schema Cornelianum"[40], desweiteren der abschließende Zusatz *nunc quoque*, der das Fortbestehen des Ereignisses, das durch ein temporales *cum* angekündigt wird, bis in die Jetztzeit feststellt.

Nach dieser ausführlichen Anrufung folgt in Vers 856 die beschwörende Bitte der sterbenden Procris. Hier wird deutlich, daß Procris sich immer noch im *error* über den Namen "Aura" befindet:[41] Nur so läßt es sich erklären, daß sie Kephalos bittet, nach ihrem Ableben nicht "Aura" zu heiraten.

Erst an diesem Punkt erkennt Kephalos den Irrtum seiner Frau. Auch wenn in diesen beiden Versen des Erkennens (857/858) Schnelligkeit im Ablauf angewendet wird (Häufung von *et* und *-que*) - Bemerken und Erklärenwollen ist fast eins -, Kephalos merkt, wie er es selbst in seiner rhetorischen Frage formuliert, daß es keinen Zweck mehr hat, Procris im letzten Augenblick alles zu erklären. Denn - *labitur* (859) -, Procris stirbt, was im selben Vers noch näher ausgeführt wird, daß nämlich ihre schwachen Kräfte (*parvae vires*) zugleich mit ihrer Gesichtsfarbe verschwinden (*fugiunt cum sanguine*). Gleichzeitig hat der Tod jedoch noch etwas Versöhnliches: Procris schaut Kephalos an - quasi ein letzter Blick -, der ihren letzten Atem aufnimmt, den sie aushaucht (861 *nostroque exhalat in ore*). Die Parallele zu dem erwähnten Vers 820 ist unübersehbar - der dort ausgesprochene Wunsch geht hier in tragischer Weise in Erfüllung. Kephalos scheint es - und er tröstet sich wohl damit -, daß Procris fast versöhnt stirbt, so als habe sie seine Erklärung noch kurz vor ihrem Tod verstanden.

An dieser Stelle endet Kephalos' Referat vom (gewaltsamen) Tod seiner Frau und gleichzeitig auch die Erzählungen auf Aegina.

Es ist nochmals auf die tiefe Rührung des Kephalos hinzuweisen: Nicht nur Kephalos erinnerte sich *lacrimans* [42], auch seine Zuhörer, die *flentes*, sind von dieser tragischen Geschichte beeindruckt.

Anmerkungen: Kephalos und Procris/Met.

[1] Viktor PÖSCHL; Kephalos und Procris in Ovids Met.
 in: Hermes 87(1959)328ff,328
[2] Einteilung nach Franz BÖMER; a.a.O., Kommentar and VI/VII, S.368; weiterhin zitiert als "Bömer VI/VII"
[3] Bömer IV/V 285
[4] Lenz 177
[5] Bömer VI/VII 367
[6] Bömer VI/VII 367
[7] Bömer VI/VII 393, z.B.'bellum sociale'
[8] Met.VII 711-758
[9] Met.VII 700-710; letztlich noch weiter, da eine Erzählung in die folgende übergreift.
[10] Met.VII 754
[11] Met.VII 701/702
[12] Bömer VI/VII 393
[13] z.B.Met.IV 62, IX 720;epist.18,5
[14] Bömer VI/VII 393
[15] A.A.III 687; cf.Met.VII 702
[16] z.B. 805 'solebam',807 'solebant'
[17] vgl. A.A.III 733
[18] Bömer VI/VII 394
[19] in der A.A. gelingt Kephalos das, indem er seine Begleitung wegschickt.
[20] Bömer VI/VII 395
[21] Bömer VI/VII 397
[22] Bömer VI/VII 397

[23] Met.VII 861 '..nostroque exhalat in ore' die A.A.hat an dieser Stelle eine sehr ähnliche Diktion.

[24] lt.Thes. ist diese Junktur ohne Parallele

[25] vgl.A.A.III 720 'mens semper, quod timet, esse putat'

[26] es fehlt, im Vgl.zur A.A., die Schilderung des 'furor'(A.A.iii 701-710)

[27] 'dolere' wird poetisch nur selten gebraucht, in den Met. nach Bömer 399 nur an dieser Stelle.

[28] Futur auf -urus:Bömer IV/V 64:subjektive Schattierung

[29] A.A.III 709ff,bes.723/24:modale Spannnung

[30] 'telum volatile' als poetische Variation zu 'telum missile'-wahrscheinlich aus metrischen Gründen

[31] Bömer VI/VII 400

[32] A.A.III 737

[33] Am.III 11,25 'praeceps amensque cucurri'

[34] cf.Met.VII 684 bzw. 794

[35] Bömer VI/VII 401

[36] man beachte die Diktion in der A.A., als die rasende Procris in den Wald stürmt, um Keph. zu ertappen/A.A.III707/708)

[37] cf.'miser' A.A.III 746

[38] Bömer VI/VII 402

[39] Bömer VI/VII 402

[40] Bömer VI/VII 402

[41] Gregson DAVIS; The Death of Procris."Amor" and the hunt in Ovid's Met. Instrumentum Litterarum 2

Rom 1983, S.147

[42] hier prägt Ovid eine neue Heldenfigur, den *lacrimans hero*; s.auch

Charles SEGAL; Ovid's Cephalus and Procris: Myth and Tragedy in:Grazer Beiträge 7(1978) 175ff, S.190

5. Punktartige Zusammenfassung

Venus und Mars: Ars Amatoria

I. Formalia

1. Die Erzählung umfaßt einschließlich des praeceptum und der abschließenden Bewertung durch Ovid 38 Verse, nämlich A.A.II 555-592.

2. Diese Verse lassen folgende Gliederung erkennen:

   555-560   Praeceptum   (6 Verse)
   561-588   Exemplum   (28 Verse)
   589-592   Bewertung   (4 Verse)
              Überleitung zum nächsten Praeceptum

3. Die Erzählung befindet sich im 2. Buch der A.A., das an die Männer gerichtet ist und Hinweise gibt, wie man eine Liebe dauerhaft gestalten kann. Gemäß der Aufgabe der mythologischen Erzähleinlagen in der A.A., Beleg für eine Behauptung zu sein, dient diese Erzählung dazu, den Ratschlag zu illustrieren, auch Nebenbuhler zu ertragen, wenn man an der Beziehung festhalten will, und in jedem Fall den *pudor* des Mädchens nicht zu zerstören. Das Motto ist *crescit amor prensis* (559) - und genau dazu soll der Mann seinem Mädchen keine Gelegenheit geben.

4. Es ist nicht offensichtlich, warum Ovid gerade dieses Exemplum gewählt hat; wahrscheinlich wollte Ovid gerade diese "älteste Götterburleske" in jedem Fall in seiner A.A. unter-

bringen.

Es ist möglich, daß Ovid gerade diesen Mythos erwählt hat, da er es ihm ermöglicht, eine Verbindung zum Alltag und hier besonders zur augusteischen Ehegesetzgebung zu schaffen.

II. Inhaltliches bzw. Sprachlich-Stilistisches

1. Auffällig ist die starke Ausgestaltung besonders mit rhetorischen Mitteln, die Nachdruck auf eine legen, z.B. Alliterationen, Hyperbata.
Daneben lassen sich Figuren wie Parallelismen, Chiasmen etc. finden.
Eine Hauptrolle kommt der mehrmals verwendeten Apostrophe zu, die es dem Dichter ermöglicht, direkt in das Geschehen einzugreifen.

2. Dem sonst üblichen Handlungsablauf innerhalb des elegischen Distichons wird oft dadurch entgegengewirkt, daß versucht wird, den starken Einschnitt zwischen den Strophen zu überwinden. Ovid bemüht sich um einen fließenden Erzählstil. Den "Stakkatostil", der normalerweise in der Elegie vorherrscht, setzt Ovid nur da ganz bewußt ein, wo er einen raschen Handlungsablauf darstellen will.

3. Ovid geht teilweise über die homerische Vorlage hinaus, indem er bestimmte Passagen - häufig burlesker Art- seinem Stil entsprechend ausgestaltet. Daneben sind anschauliche Detailzeichnungen der beteiligten Personen festzustellen.

4. Die gesamte Erzählung wird wie von einem roten Faden vom Begriff des *pudor* durchzogen, der im Praeceptum erwähnt worden war, so daß

für den aufmerksamen Leser immer wieder die
Exemplum-Funktion durchscheint.

5. Ovid setzt viele Wörter in einen erotischen
Kontext, wodurch einige Passagen zweideutig erscheinen. Daneben finden sich jedoch auch
burleske und Komödienhafte Züge.

Venus und Mars:Metamorphosen

I. Formalia
  1. Die Erzählung umfaßt insgesamt 23 Verse,
     nämlich Met.IV 167-189
  2. Hierbei ergibt sich folgende Gliederung:
     167 - 170   Einleitung (4 Verse)
     171 - 189   Erzählung   (19 Verse)
  3. Die Episode von Venus und Mars befindet sich
     im 4.Buch der Metamorphosen innerhalb des
     großen Abschnittes über die heroische bzw.
     mythische Zeit. Hier dient sie als Einleitung
     bzw. Vorspiel zu den *Solis amores*, den
     Liebesabenteuern des Sonnengottes. Diese Liebschaften gehören zu den Geschichten, die sich
     die Minyaden bei ihrer Arbeit erzählen. Erzählerin ist Leuconoe, die von der Liebe Sols
     zu Leucothoe und Clytie berichtet. Diese
     beiden Erzählungen, die mit Verwandlungen enden,
     werden von unserer Episode eingeleitet, die
     selbst keine Metamorphose beinhaltet, jedoch
     den Kausalzusammenhang für die *Solis amores*
     herstellt.
  4. Vordergründig ist die Erzählung also eine Be-

gründng dafür, wie es zu den *Amores Solis* gekommen ist. Man kann jedoch mit einem gewissen Recht mutmaßen, daß Ovid diese Götterburleske nicht ohne Hintergedanken auch in den Metamorphosen aufgenommen hat.

II. Inhaltlich bzw. Sprachlich-Stilistisches

1. Deutlich wird eine knappe Darstellung, so daß auch die Handlung ingesammt gerafter ist. An gewissen Stellen jedoch, die näher zu untersuchen sind, wird die Darstellung erstaunlich breit. Es ist eine gewisse Asymmetrie im Ablauf zu beobachten.

2. Aufgrund der knappen Ausdrucksweise bemüht sich Ovid um einen fließenden Erzählstil, was zur Folge hat, daß einzelne Satzperioden sehr lang sind.

3. Rhetorische Mittel sind vorhanden, jedoch nicht so gehäuft wie in der A.A.. Am Auffälligsten sind hier die weiten Hyperbata, die einigende Funktion insofern haben, als sie die langen Perioden zusammenhalten.

4. Näher zu beobachten ist ein gewisser Hang zur "epischen Genauigkeit": Herstellung der Schlingen; Vulcan öffnet die Tür, bevor die Götter eintreten. Daneben fällt der Vergleich des Netzes mit Spinnweben auf.

5. Zu beobachten ist eine sehr plastische Darstellung der Ereignisse, z.B. das Erschrecken Vulcans.

6. Ovid verwendet häufig singuläre Wortjunktionen und insgesamt eine etwas eigentümliche Sprache.

Kephalos und Procris: Ars Amatoria

I. Formalia

1. Einschließlich des praeceptum umfaßt die Erzählung 64 Verse, nämlich A.A.III 683-746.

2. Im Einzelnen ergibt sich folgende Gliederung:

   683 - 686 Praeceptum   (4 Verse)
   687 - 712 Vorgeschichte   (26 Verse)   insges.
   713 - 720 Apostrophe   (8 Verse)   60 Verse
   721 - 746 tragische   =Exemplum
              Ereignisse   (26 Verse)

3. Die Episode von Kephalos und Procris befindet sich im 3.Buch der A.A., das sich damit beschäftigt, den Mädchen Ratschläge zu geben, wie man ein dauerhaftes Liebesverältnis gestalten gestalten kann.
   Dem Praeceptum *nec cito credideris*(685) dient es als ein *exemplum non leve*, wie Ovid in Vers 686 selbst sagt. Diese schädliche Leichtgläubigkeit erläutert Ovid am Beispiel der Procris.

4. Ovid findet den Übergang von der allgemeingültigen Warnung zur eigentlichen Erzählung, indem er spezialisiert und individualisiert. Die Namen der beiden Gestalten sind jedoch singulär: Ovid geht es nicht um Sagengestalten in ihrer Individualität, sondern er will dem Leser einen Einblick in die Psyche einer eifersüchtigen Frau gewähren.

II. Inhaltlich bzw. Sprachlich-Stilistisches

1. Es wird anhand der Gliederung deutlich, daß

die Erzählung sehr symmetrisch und somit sehr kunstvoll aufgebaut ist. Durch vier sogenannte Klammderdisticha, die sich sowohl rückwärts auf das Vergangene beziehen als auch einen Anknüpfungspunkt im Kommenden haben, versucht Ovid, der Erzählung einen fortlaufenden Charakter zu geben.

2. Auffällig ist der Beginn der Erzählung mit einer ausführlichen Ekphrasis.
3. Durch den Einsatz von kurzen Sätzen verdichten sich "Kameraeindrücke" des Lesers zu einem übersichtlichen Bild.
4. Angelpunkt der gesamten Erzählung ist die Polysemie *Aura*.
5. Die Darstellung lebt von auffälligen Kontrastwirkungen.
6. Ganz bewußt werden rhetorische Figuren derart sprachlich ausgestaltet, daß sie erotisch interpretierbar sind.
7. Der Seelenzustand der Procris wird ausführlich beschrieben.
8. Ein retardierendes Moment sorgt für Spannung.
9. Procris' Irrtum löst sich innerhalb der Erzählung auf.
10. Nach dem dramtischen Geschehen ergibt sich ein Anhang von 10 Versen, die psychagogische Funktion haben.
11. Liebe wird als über den Tod hinausgehend dargestellt.
12. Es wird das Bemühen Ovids' um *variatio* bei der Wortwahl deutlich.
13. Die Apostrophe Ovids hat auch eine syntaktische

Funktion als Symmetrieachse der beiden Hauptteile.

Kephalos und Procris: Metamorphosen

I. Formalia

1. Die Erzählung umfaßt einschließlich der Überleitung aus dem Vorhergegangenen 69 Verse, nämlich Met.7,794-862.

2. Diese Erzählung läßt sich wie folgt gliedern:

794/795   Überleitung   (2 Verse)
796-834   Einführung
          bzw.Hinführung (39 Verse:8+31)
835   Brückenvers   (1 Vers)
836-862   Konflikt   (27 Verse)

3. Die in dieser Arbeit untersuchte Episode vom "Tod der Procris" beschließt das 7.Buch der Metamorphosen. Dem vorausgegangen ist ein ganzer Erzählzyklus um Kephalos und Procis, der mit der Erzählung des Aeacus(VII 672-689) dadurch verbunden ist, daß Phocus in der Hand des Kephalos einen Speer erblickt und nach dessen Herkunft fragt. Dieser Speer zieht sich wie ein roter Faden durch die gesamte nun folgende Erzählung und bildet letztlich dadurch einen Höhepunkt, daß mit diesem Speer Procris von ihrem Mann getötet wird.

4. Aus dem Vorhergesagten ergibt sich, daß die Erzählung von Kephalos und Procris(bzw. hier vom Tod der Procris) als Höhepunkt der gesamten

Kephalos-Erzählung das 7.Buch der Met. folgerichtig abschließt.

II. Inhaltlich bzw. Sprachlich-Stilistisches

1. Erzähler unserer Episode ist Kephalos als unmittelbar Beteiligter, der aufgrund der Frage nach seinem Speer über die tragischen Ereignisse aus der Retroperspektive berichtet, wodurch eine intime Erzählatmosphäre geschaffen wird.
2. Die Erzählung wird von ihrem Ablauf her strukturiert durch Zeitangaben, die einen Neueinsatz von Handlungen ermöglichen.
3. Der Kontrast zwischen dem anfangs ausführlich geschilderten ehelichen Glück und dem letztlich folgenden Unglück erhöht die tragische Wirkung. Ein Nebenaspekt hier ist die genaue Darstellung der grausamen Einzelheiten des Todes.
4. Die Polyemie *Aura* löst sich für Procis erst im Tod auf, während der Leser sie bereits bei ihrer ersten Nennung eindeutig als "Wind" dekodieren kann.
5. Sehr häufig referiet Kephalos in seiner Funktion als Erzähler direkte Reden.
6. Die Fehler und Irrtümer der Procris sind sehr genau verarbeitet und werden dem Leser verdeutlicht.
7. Der Schluß ist ein wichtiger Bestandteil der Handlungskette.
8. Procris erscheint insgesamt ruhiger und besonnener als in der A.A.; ihre Reaktionen werden von Kephalos in zwei Perioden dargestellt, die klimatisch aufgebaut sind.
9. Auffällig ist die verstärkte Verwendung von Pro-

nomina aller Art sowie die *tu*-Prädikation.
10. Ovid benutzt das Topos von der Liebe als der lodernden Flamme.
11. Auf dem Höhepunkt der Erzählung wird die Konfusion des Kephalos auch durch den Periodenbau deutlich. Speziell das Ende ist stilistisch sehr ausgefeilt("Gesetz der wachsenden Glieder").
12. Weite Hyperbata sorgen für eine pathetische Ausdrucksweise.
13. Als häufig vorkommende Stilmittel sind festzuhalten: Alliteration, Inversion, Hyperbata.
14. Der Tempusgebrauch paßt sich der entsprechenden Erzählabsicht an.

TEIL B

Überblick über die Sekundärliteratur

Überblick über die Sekundärliteratur

Im Jahr 1919 veröffentlichte Richard Heinze im Sitzungsbericht der Sächsischen Akademie der Wissenschaften zu Leipzig eine Studie über 'Ovids Elegische Erzählung'. Diese ausführliche Untersuchung, die uns heute am besten zugänglich ist über den Sammelband von Erich Burck [1], bestimmt seitdem die Forschung in diesem Teilgebiet ovidischer Erzählkunst.
Auch in der vorliegenden Arbeit sollen zunächst die Ergebnisse Heinzes kurz referiert werden, ebenso in chronologischer Reihe die bis in unsere Zeit reichenden Reaktionen darauf. In einem weiteren Arbeitsschritt wird dann ein Untersuchungsgerüst erstellt werden, anhand dessen meine eigene Textexamination erfolgen wird.

1. Argumentation Heinzes

Am Beispiel der Proserpinageschichte, die sowohl im 4.-Buch der Fasten (IV 417 - 620) als auch im 5.Buch der Metamorphosen (V 341 - 661) erzählt wird, unternimmt Heinze den Versuch, eine eindeutige Differenz im Erzählstil der Fasten und der Metamorphosen herauszuarbeiten.
Dazu benützt er 10 Untersuchungskriterien.
Zunächst stellt er die Proserpinaerzählung in den Fasten und Metamorphosen ausführlich einander gegenüber.[2] Seine Ergebnisse bewertet Heinze dahingehend, daß eine klare Unterscheidung in Darstellungsweise der Fassung in den Fasten bzw. den Metamorphosen konstatiert werden müsse,

z.B. in Hinblick auf Stil, Objektivität e.a.

Darauf baut Heinze die der nun folgenden Untersuchung übergeordnete Fragestellung auf, ob diese Arbeitsergebnisse generell als Unterscheidungsmerkmale für Elegie bzw.Epos gelten könnten.[3]
Am Ende dieses Teils der Untersuchung verallgemeinert Heinze die im Vergleich der Proserpina-Erzählungen gewonnenen Unterscheidungsmerkmale zu gattungstypischen Differenzen, die er mit weiteren ausgesuchten Textbeispielen belegen wird. Dazu bedient er sich übergeordneter Untersuchungspunkte, die im folgenden angeführt werden.

Nach der vergleichenden Darstellungg der Proserpina-Erzählungen ist Heinzes zweiter Untersuchungspunkt die Darstellung der Göttter.[4] Von der stilistisch unterschiedlichen Darstellung des Proserpinamythos in Fasten bzw. Metamorphosen ausgehend schließt er auf das ovidische Bemühen, die Götter im Epos möglichst erhaben darzustellen, während die Elegie bei der Behandlung des Göttlichen auf die epische Erhabenheit verzichte und stattdessen versuche, den Abstand zwischen Göttern und Menschen aufzuheben bzw. zu verringern.[5]
In Punkt 3 sagt Heinze, in der Elegie liege die Betonung auf dem ἐλεεινόν , während im Epos das δεινόν im Vordergrund stehe.[6] Einschränkend fügt er zwar hinzu, daß dieser Gegensatz so ausgeprägt nicht für die beiden Werke durchweg gelten könne, doch ordnet er dann wieder relativ eindeutig dem Epos das Pathetische und der Elegie das Weiche zu. Ausführlich führt Heinze seine These am Beispiel der Romulus - bzw. der Aeneassage aus, wobei es jedoch schwierig ist, darüberhinaus derart klar getrennt zu unterscheidende Exempla zu finden.
Punkt 4 befaßt sich mit dem Heroischen[7] : Heinze konsta-

tiert ein Zurücktreten der heroischen Züge in den Fasten, während in den Metamorphosen Kämpfe bei inhaltlicher Akzeptanz sehr wohl ausführlich geschildert werden. Desweiteren beschäftigt sich Heinze in diesem Untersuchungspunkt mit der Ekphrasis [8], wobei er beobachtet, daß die Ekphrasis im Epos häufiger anzutreffen sei als in der Elegie, da sie aus dem Epos stamme. Darüberhinaus sei Ovid in der Elegie mehr am Menschen interessiert, so daß Ortsbeschreibungen dort nur sehr spärlich, z.B. zur Eröffnung eines Eingangsbildes, eingesetzt werden.
Im 5.Untersuchungspunkt geht Heinze auf die
$Ἀσυμμετρία$, besonders bei den Katasterismen, ein.[9] Seine Beobachtung geht dahin, daß Ovid besonders bei elegischen Darstellungen die Symmetrie im Ablauf der Erzählung vernachlässige und Einzelheiten der Geschichte betont heraushebe.
Punkt 6 betrifft die Subjektivität des Erzählers.[10] Auch wenn in der Proserpinageschichte in den Fasten der Dichter nicht so sehr in den Vordergrund trat, sind doch nach Heinze in anderen Fastenerzählungen Bemerkungen der Subjektivität des Erzählers zu finden, die eine lebhafte Anteilnahme des Erzählers an dem Geschehen ausdrücken und den Leser ebenfalls dazu anregen sollen. Auch wenn sich in den Metamorphosenerzählungen die eigentlich Subjektivität ausdrückende Figur der Apostrophe finden läßt, bleibt dennoch eine gewisse epische Distanz gewahrt, so daß die Apostrophe in den Metamorphosen teilweise zur Stilfigur ohne Aussagewert degradiert wird.
In dem 7.Punkt seiner Untersuchung setzt sich Heinze mit der Lyrischen Haltung auseinander.[11] So sieht er die unterschiedliche Verwendung der direkten Rede: Während die Metamorphosen lange, hochgestimmte pathetische Reden als

Fortsetzung der epischen Tradition aufweisen, verzichte die Elegie auf das Erhabene und die pathetische Rede - sie brauche nicht künstlich stilisiert zu werden, da sie der Wirklichkeit näherstehe als das Epos.

In Punkt 8, in dem stilistische Unterschiede herausgearbeitet werden sollen [12], wagt Heinze auf der Basis seiner vorausgegangenen Untersuchungen die Prognose, daß sich die von ihm festgestellten Unterschiede auch im Stilistischen wiederfinden lassen und folgert für die elegische Erzählung eine größere Schlichtheit und Natürlichkeit als für die epische. Heinze beobachtet für den Stil der Metamorphosen Energie und Größe [13] sowie poetische Wörter und lexikalische Neubildungen. Wo er in den Metamorphosen Stilschwankungen' der Art konstatiert, daß der Stil an Höhe verliere und sich der elegischen Haltung annähere, begründet Heinze es damit[14] , daß an den entsprechenden Stellen keine Götter und Heroen mitspielten, die 'epische Würde' also nicht gewahrt werden müsse.

Dem Metrum ordnet Heinze eine wichtige Rolle bei der Periodisierung zu: Da ein längerer Periodenbau mit elegischen Disticha nur schwer zu bewerkstelligen sei, hafte der Elegie etwas Kurzatmiges durch die Gleichförmigkeit des Ablaufes an. Da andererseits der epische Erzählung durch den Hexameter keine metrische Beschränkung auferlegt werden, könne sich der Erzähler von Ereignissen mitreißen lassen und weitschweifig erzählen.

Punkt 9 [15] äußert sich dahingehend, daß Properz Ovids' unmittelbarer Vorgänger in der elegischen Erzählung war und ihm von daher einen fest ausgebildeten Stil vorgab. Aus dem 4.Buch des Properz, das Aitiologien enthält, zieht Heinze Analogien zu Ovids elegischen Erzählungen, z.B. Konzentration auf den reinen Gefühlsgehalt einer

Episode und der damit verbundene subjektive Standpunkt des Dichters.

Abschließend behandelt Heinze unter Punkt 10 die <u>Themen der erzählenden Elegie</u> [16]: Zunächst gibt er einen ausführlichen Abriß der griechischen Entwicklung. Kallimachos stellt er als wesentlichen Beeinflusser der römischen Elegiker dar: So sei z.B. die kallimacheische Form in Ovids Fasten übernommen worden.

Desweiteren sei das römische Epyllion als ein Vorläufer der römischen Elegie zu bezeichnen, da es 'elegische Elemente', wie z.B. die Asymmetrie, Zustandsmonologe etc., beinhalte.

In einem Anhang an seine Untersuchung fügt Heinze noch einen Abschnitt über die <u>Göttliche Erotik der Metamorphosen</u>, über <u>Kallisto bei Ovid</u>, über die <u>Monologe der Metamorphosen</u> und über die <u>Entwicklung der 'subjektiven' Elegie</u> an.

Reaktion auf die Untersuchung von Heinze

Die Reaktionen auf die Veröffentlichung von Heinze waren zunächst einmal positiv, mit Ausnahme einiger Arbeiten, die verhaltene Kritik an der glatten Typologisierung übten.[17] Auch wenn dieser Kritikpunkt z.B. 1924 von W.Kroll in seinen "Studien zum Verständnis der römischen Literatur"[18] der Gestalt konkretisiert wurde, daß Kroll konstatierte, Ovid ließe in den Metamorphosen aufgrund seiner "elegischen Vergangenheit" von der epischen Erhabenheit ab [19], so gab es dennoch Arbeiten wie die von H.Renz [20], der sich an die Ergebnisse von Heinze derart nah anschloß, daß er es unterließ, eigene Thesen zu formulieren und stattdessen lapidar auf die entsprechenden Abschnitte bei Heinze verwies. Auch ist bei ihm eine Tendenz ganz offen zu beobachten, die bei Heinze teilweise versteckt, aber auch offen vorkam: Renz setzt über fast die gesamte Dauer seiner Arbeit elegische bzw. epische Erzählung mit Elegie bzw. Epos gleich und versucht generalisierende Aussagen.

Die bereits mit Abfassung des Heinze'schen Aufsatzes geäußerte Überlegung, eine klare Unterscheidung zwischen elegischer und epischer Erzählung sei kaum möglich, wurde von H.Tränkle [21] bereits in einer Aufsatz - Überschrift thematisiert: "Elegisches in Ovids Metamorphosen". In diesem Aufsatz weist Tränkle auf den starken inneren Zusammenhang zwischen den einzelnen Werken Ovids hin [22] und führt am Beispiel zweier Erzählungen aus den Metamorphosen (Byblis/Alkyone) aus, wie sehr elegische Erzähltechniken bzw. Darstellungsweisen dort festgemacht werden können.

Auf dieser Linie, dem Übergang Ovids von der Elegie zu

einer Form der epischen Erzählung mit all' ihren Vermischungsprozessen ist in der jüngeren Forschung eine Vielzahl von Arbeiten entstanden, die einen weiteren wichtigen Kritikpunkt in die Diskussion einbringen: Die Metamorphosen dürfen demzufolge nicht als ein reines Epos angesehen werden [23], sondern weisen lediglich eine Art 'epischen Erzählstil' auf [24], der jedoch mit dem virgilischer Epen kontrastiert.
Douglas Little hat sich in seiner Arbeit [25] durchweg kritisch mit den Ergebnissen von Heinze auseinandergesetzt. Seiner Meinung nach geht es nicht an, daß Heinze die bei der Gegenüberstellung der Proserpina-Erzählung in Metamorphosen und Fasten gewonnenen Ergebnisse als Gattungsunterschiede zwischen Elegie und Epos auffasse, da er von drei falschen Prämissen [26] ausgehe. Heinze sei nämlich der Meinung, daß

a. die Metamorphosen episch seien [27],

b. die Metamorphosen aufgrund ihres episches Charakters einen höheren Stil pflegten als die Elegien [28]

und sich daher

c. die Metamorphosen als Epos ganz erheblich von den Elegien unterschieden [29].

Aufgrund dieser Basisirrtümer komme es zu einer zu pauschalen Behandlung der Materie, da die Werke Ovids nicht formal voneinander getrennt werden dürften, sondern sie sich hinsichtlich ihrer Zielsetzung auf formaler Ebene unterschieden, was bei Heinze jedoch weitgehend unberücksichtigt bleibe.[30]

Indem Little drei wesentliche Untersuchungspunkte Heinzes herausgreift (τὸ ἐλεεινόν /τὸ δεινόν ; Beschreibung einer idyllischen Szenerie; Göttliche Majestät) [31] und umfassend untersucht, kommt er zu dem Ergebnis, daß in der direkten Gegenüberstellung derart schematische Einordnungen nicht haltbar seien und somit Heinzes Untersuchung mit einer "gewissen kritischen Distanz"[32] gesehen werden müsse.

Ganz anders wertet der wohl zeitgleich mit der Arbeit von Little entstandene Aufsatz von T.F.Brunner [33], sinnigerweise überschrieben mit "Heinze revisited". Zwar ordnet auch Brunner die Metamorphosen nicht als ein "reines Epos" ein [34], doch im wesentlichen unterstützt er die Ergebnisse Heinzes, baut sie jedoch nur noch unter dem Motto *deinon vs. eleeinon* hinsichtlich der benutzten Gleichnisse Ovids aus. Dabei konstatiert Brunner bei den Gleichnissen Konnotationen [35], die Heinzes scharfe Trennung zwischen epischer und elegischer Erzählung unter dem Untersuchungspunkt *deinón/èleeinón* stützen. [36]

M.v.Albrecht [37] schließlich hat die epische und elegische Erzählung Ovids am Beispiel der Daedalus-Erzählungen in den Metamorphosen bzw. der Ars Amatoria kontrastiv behandelt. Er betont wie auch Heinze die wichtige Rolle des Formalen [38], gibt jedoch auch zu bedenken, daß die Erzählungen jeweils innerhalb ihres Kontextes behandelt werden müssen.

Bereits vorher hatte v.Albrecht in anderem Zusammenhang erwähnt [39], daß speziell bei dem Problemfeld "Elegische-/Epische Erzählung" keine Gattungstheorie angewandt werden dürfe, sondern anhand von Einzeluntersuchungen versucht werden müsse, sich dem Problem zu nähern.

Fassen wir zusammen: Bei der Durchsicht der Meinungen zu der Fragestellung Heinzes, die mittlerweile fast 70 Jahre zurückliegt, läßt sich folgender Grundtenor festhalten:

Zunächst einmal herrscht Einigkeit darüber, daß die Metamorphosen nicht als ein reines Epos gelten könne, sondern lediglich einen epischen Erzählstil aufweisen. Dazu kommt die fast übereinstimmende Meinung, daß zwischen den Metamorphosen und den Elegien Ovids hinsichtlich ihrer Erzählstile keine scharfe Trennungslinie gezogen bzw. Unterscheidungsmerkmale benannt werden dürfen.

Abschließend kann man daraus die Folgerung ziehen, daß Ovid hinsichtlich seiner Erzählungen nicht schematisch behandelt werden kann, sondern anhand von Einzelbeispielen versucht werden sollte, Erzählungen einander vergleichend gegenüberzustellen, Unterschiede bzw. Gemeinsamkeiten zu benennen und in einem weiteren Arbeitsschritt vorsichtig daraus Schlüsse zu ziehen.

Fußnoten zum Theorieteil

[1] Erich Burck; Vom Geist des Römertums, Darmstadt ³ 1960, S.308-403; diese Ausgabe liegt der folgenden Untersuchung zugrunde.
[2] Heinze; a.a.O., S.309-314
[3] Heinze; a.a.O., S.315
[4] Heinze; a.a.O., S.315-321
[5] Heinze; a.a.O., S.320
[6] Heinze; a.a.O., S.322-337
[7] Heinze; a.a.O., S.338-347
[8] Heinze; a.a.O., S.342
[9] Heinze; a.a.O., S.347-352
[10] Heinze; a.a.O., S.353-355
[11] Heinze; a.a.O., S.356-360
[12] Heinze; a.a.O., S.361-363
[13] Heinze; a.a.O., S.361
[14] Heinze; a.a.O., S.362
[15] Heinze; a.a.O., S.364-370
[16] Heinze; a.a.O., S.371-382
[17] Hugo Magnus, Review of 'Ovids elegische Erzählung', in: Berliner philologische Wochenschrift 40(1920) 1035 - 1041
[18] W.Kroll; Studien zum Verständnis der röm. Literatur, Stuttgart 1924
[19] Kroll 215
[20] H.Renz; Mythologische Beispiele in Ovids erotischer Elegie,Diss. Würzburg 1935

[21] H.Tränkle; Elegisches in Ovids Metamorphosen;
    in:Hermes 91(1963), 459ff
[22] H.Tränkle 460
[23] z.B. E.J.Bernbeck; Beobachtungen zur Dar-
    stellungsweise in Ovids
    Met., München 1967
[24] z.B. Brunner; a.a.O.,
    Little; a.a.O., S.71
[25] D.Little; Richard Heinze: Ovids elegische
    Erzählung
    in: E.Zinn(Hg.) Ovids A.A. und R.A.
    Untersuchungen zum Aufbau
    Stuttgart 1970, 64ff
[26] Little; a.a.O., S.71
[27] Little; a.a.O., S.71
[28] Little; a.a.O., S.72
[29] Little; a.a.O., S.72
[30] Little; a.a.O., S.74
[31] Little; a.a.O., S.80f
[32] Little; a.a.O., S.105
[33] T.F.Brunner; Deinon vs. Eleeinon. Heinze
    revisited.
    in: AJPh 92(1971) 275-284
[34] Brunner; a.a.O., S.276
[35] Brunner; a.a.O., S.277
[36] Brunner; a.a.O., S.281
[37] M.v.Albrecht; Epische und elegische Erzählung
    in: Römische Poesie,
    Heidelberg 1977,63-79
[38] M.v.Albrecht; a.a.O., S.77
[39] M.v.Albrecht; Der Forschungsbericht: Ovid
    AAHG 25(1972) 267-290

TEIL C

Untersuchung unter übergeordneten
Fragestellungen

Teil C Untersuchungen unter übergeordneten Fragestellungen

1. In Teil A dieser Arbeit sind die vier mythologischen Erzählungen, die in dem nun folgenden Teil C als Basis für eine Untersuchung dienen werden, sprachlich-stilistisch sowie inhaltlich dargestellt worden. Die Arbeitsergebnisse wurden anschließend thesenartig zusammengefaßt.

Teil C, dem eine knappe Darstellung der bekannten (und verfügbaren) Sekundärliteratur zu dem Problemkreis "Epische und Elegische Erzählung bei Ovid" in Teil B vorausgegangen ist, hat nun die Aufgabe, auf der Grundlage der o.a. vier (d.h. 2x2) Erzählungen zu untersuchen, inwieweit sich elegische und epische Erzählungen bei Ovid voneinander unterscheiden.
Es soll jedoch kein Vergleich der entsprechenden Darstellung in A.A. und Met. Wort für Wort erfolgen, da das letztlich für unser Untersuchungsobjekt unergiebig wäre. Vielmehr sollen an die beiden Mythen in ihren unterschiedlichen Darstellungen möglichst viele Punkt herangetragen werden, deren Vorhandensein bzw. Wirkung dann im Text untersucht werden wird. Hierbei handelt es sich sowohl um sprachlich- stilistische als auch um inhaltliche Kriterien.
Zunächst soll die Untersuchung zweizügig verlaufen, indem, vereinfacht gesagt, gefragt werden soll, worin bei jeder mythologischen Erzählung ein Unterschied in der Darstellung besteht. Zu diesem Zweck wird das o.a. Ver-

fahren, Untersuchungspunkte jeweils gleicher Art an die Texte heranzutragen, angewendet werden. In einem sich daran anschließenden Untersuchungsschritt soll dann versucht werden, ob es möglich ist, etwaige Unterschiede zu abstrahieren und auf das andere Beispielpaar zu übertragen. Abschließend sollen die in dieser Arbeit herausgestellten Beobachtungen mit den Ergebnissen der Sekundärliteratur in einen Zusammenhang gebracht werden.

Zur Auswahl der Untersuchungskriterien ist zu sagen, daß ich zum einen die Arbeitspunkte von Heinze aufgreife[1], um ein für den Vergleich mit der Sekundärliteratur adäquates Arbeitsmaterial zu erhalten. Größtenteils jedoch werden Fragestellungen an die Texte herangetragen werden, die sich bei den Einzelinterpretationen als untersuchenswert erwiesen haben bzw. die auf Anregung bei der Lektüre der übrigen Sekundärliteratur, die sich oftmals mit einzelnen Aspekten beschäftigt[2], entstanden sind.

2. Disposition des Stoffes

Ausdrucksparallelen

2.1 Venus und Mars

Vergleicht man rein schematisch die Länge bei der Erzählung, so wird folgende Unregelmäßigkeit deutlich: Den 38 Versen in der Ars Amatoria stehen lediglich 19 Verse (+ 4 Verse Überleitung) in den Metamorphosen gegenüber. Auch wenn man in der Fassung der A.A. die Verse für das Praeceptum bzw. für die abschließende Bewertung abzieht, bleiben immer noch 28 Verse für die "reine Erzählung". Wie erklärt sich diese unterschiedliche Ausdehnung? Zunächst muß man auf die unterschiedliche Verwendung hinweisen: In der A.A. dient die Erzählung als alleiniges Exemplum für das von Ovid gegebene Praeceptum, in den Met. steht die Erzählung lediglich als Einleitung für die nachfolgenden Verwandlungen, kann von daher also knapper gefaßt sein.

Neben der unterschiedlichen Länge wird aber auch ein Unterschied in der stofflichen Disposition deutlich: Schematisch stellt sich das folgendermaßen dar:

A.A.	Met.
a. Entstehen der Beziehung	a. Verrat
b. Konflikt: Anzeige und Entdeckung	b. Plan und Anwendung
c. Ausgang (andeutungsweise)	

Bei dieser schematischen Auflistung wird deutlich, daß der Stoff in den beiden Fassungen unterschiedlich aufbe-

reitet wird. So wird z.B. die Entstehung der Liebe in den
Met. aufgrund der Knappheit der Darstellung (oder vielleicht auch aus anderen Gründen?) unberücksichtigt gelassen. In der A.A. hingegen ist gerade das Entstehen der
Liebe für die Verwendung als Exemplum unbedingt notwendig.
Prinzipiell ist jedoch der Verlauf der Handlung druch das
homerische Vorbild weitgehend vorgegeben, so daß sich
z.B. die beiden Fassungen im "Konflikt" rein formal entsprechen.

2.1.1 Ausdrucksparallelen

Bei der Erzählung von Venus und Mars kann man zwischen
zwei Arten von Ausdrucksparallelen unterscheiden, nämlich
Übereinstimmungen mit der homerischen Fassung und autorenimmanente Adaptionen zwischen den Fassungen in A.A.
und Met.

a. Homer - Ovid

Hierbei läßt sich in jeder Fassung jeweils eine fast
wörtliche Homer-Adaption ausfindig machen.

Od. 8,280 Vergleich der Schlingen mit Spinnfäden
Met.4,178f

Od. 8,283 $εἴbατ' ἴμεν ἐς Λῆμνον$
A.A.2,579 *fingit iter Lemnon*

b. Ovid - Ovid

Hierbei muß man zunächst zwischen wörtlichen Verszitaten
und den schon erwähnten Ausdrucksparallelen unterscheiden.

a. Wörtliches Verszitat

A.A.2,561 *fabula narratur toto notissima caelo*
Met.4,189 *haec fuit in toto notissima fabula caelo*

An dieser Beurteilung als wörtliches Zitat sind jedoch kleine Abstriche vorzunehmen: Das Prädikat variiert je nach Stellung des Verses innerhalb der Episode: Das präsentische *narratur* steht als Anfangssignal zu Beginn der Erzählung in der A.A., während das konstatierende Perfekt *fuit* die Erzählung in den Met. beschließt.

Man kann dieses Binnenzitat wohl als typischen Appell an das Gedächtnis des Lesers verstehen, so daß durch die Wiederholung der Sequenz gleichzeitig auch auf deren Inhalt, nämlich auf den allgemeinen Bekanntheitsgrad, angespielt wird.

b. Ausdrucksparallelen[1]

A.A. 578/ Met. 177
lumina fallit opus/ quae lumina fallere possent
Der inhaltliche Bezug ist jeweils identisch: Es geht um eine Charakterisierung des Werkes Vulcans.
Während die Sequenz in der A.A. absolut steht und nur logisch an das Vorherige angebunden ist, findet die Verbindung in den Met. auch formal durch das Relativpronomen *quae* statt. Bezogen ist dieses Pronomen auf die Reihung *catenas retiaque et laqueos*; dem entspricht in der A.A. das subsummierende Subjekt *opus*.
In der A.A. wirkt der gesamte Ausdruck prägnanter, während der Relativsatz in den Met. durch den Nebensinn auch für überflüssig gehalten werden könnte und fast als

"Versfüllung" erscheint.

Es stellt sich die Frage, warum Ovid einen ähnlichen Ausdruck verwendet. Man kann diese Tatsache wahrscheinlich so erklären, daß dieses Qualitätsmerkmal die Arbeit Vulcans am besten beschreibt und auch vom Ausdruck her sehr luzid ist.

A.A.579/ Met. 182
fingit iter Lemnon;veniunt ad foedus amantes/
ut venere torum coniunx et adulter in unum

Diese von Renz bezeichnete Ausdrucksparallele ist m.E. schon recht weit hergeholt, da sich die Ähnlichkeit des Ausdrucks nur noch an den Prädikaten *veniunt/venere* festmachen läßt. Alle nachfolgenden Beobachtungen greifen bereits tief in den Punkt hinein, wie Ovid seine Gestalten je nach Kontext doch recht unterschiedlich tituliert bzw. charakterisiert, was im Folgenden noch ausführlich untersucht werden soll.

A.A.581/ Met.186
convocat ille deos;../ admisitque deos:

Parallel bei dieser "Ausdrucksparallele" ist die Kürze, mit der der entsprechende Sachverhalt dargestellt wird, und das AO *deos*.

Die Prädikate *convocat* bzw.*admisit* hingegen stehen in einem ganz unterschiedlichen Kontext: Zwar wird beide Male das "Statsignal" zu der Götterversammlung gegeben, doch *admisit* setzt das bereits in V 185 geschilderte Öffnen der Türen voraus. Es geht von daher eigentlich zu weit, das als beabsichtigte Übernahme von einer Fassung zur nächsten zu bezeichnen.

A.A.585/ Met.187

hic aliquis ridens"in me, fortissime Mavors,.../
turpiter, atque aliquis de dis non tristibus optat
sic fieri turpis: superi risere, diuque..

Ganz ähnlich verhält es sich mit dem Göttergelächter, das zwar als Topos, durch Homer vorgegeben, in beiden Fassungen auftaucht, das jedoch vom Ausdruck her nur ganz entfernt in den beiden Fassungen Ähnlichkeiten aufweist. Parallel ist die unbestimmte Person; generell ist das Gelächter schwach ausgedrückt.

Für die beiden Darstellungen der Venus/Mars Erzählungen läßt sich zusammenfassend sagen, daß Ovid bei der Homer-Adaption Zeichen für den Leser, der seinen Homer kennt, setzen will, die jedoch völlig gattungsunabhängig zu sehen sind.

Die "Ausdrucksparallelen" Ovid-Ovid beschränken sich auf einige wenige Diktionen, über deren Aufgabe sich kein abschließendes Urteil bilden läßt. In der Regel stehen sie wohl fast zufällig immer dann, wenn von Homer vorgegebene Topoi wiederaufgenommen werden (z.B. das Göttergelächter).

2.2 Kephalos und Procris

Bei den Erzählungen über Procris Tod finden wir in beiden Werken einen recht ähnlichen Umfang: 64 Verse in der A.A., 69 Verse in den Met.
Kann man nun von der identischen Länge auch auf eine innerlich ähnliche Ausgestaltung schließen?

Wie schon bei den Venus-Mars Erzählungen erkennen wir je nach Werk die unterschiedliche Funktion der Erzählungen. In der A.A. dient die Erzählung als Exemplum, hat sich jedoch aufgrund seiner Länge fast verselbständigt. In den Met. hingegen bildet sie den tragischen Abschluß der Erzählungen, die auf Aegina angesiedelt sind. Wie schon bei der Einzelinterpretation soll auch bei dem Vergleich nur der Tod der Procris behandelt werden. Die sehr lange Vorgeschichte, die in der A.A. wegfällt, soll nur dann gestreift werden, wenn es für die Handlung unabdingbar ist. Behandelt man die Binnengliederung der beiden Erzählungen im Vergleich, so fällt auf, daß die Makrostrukturen fast identisch sind. Die Vorgeschichte in den Met. ist lediglich noch um einen Teil erweitert, der später im Kontrast zur Tragik der Ereignisse für einen besonderen Effekt sorgt.

Bei der Mikrostruktur ergibt sich jedoch ein Unterschied zwischen beiden Erzählvarianten im Spannungsaufbau. Durch die unterschiedlichen Erzähler werden in den einzelnen Erzählungen gewisse Teile unterschiedlich lang behandelt.

Knapp abschließend - und damit verweise ich gleichzeitig auf die Fragestellungen, die im folgenden an die Texte herangetragen werden - kann man sagen, daß sich trotz "formaler Gleichheit" eine unterschiedliche Ausgestaltung hinsichtlich der Aussage und Wirkung ergibt.

2.2.1 Ausdrucksparallelen

Auch bei Kephalos und Procris gibt es eine Reihe von Ausdrucksparallelen zwischen den Fassungen in der A.A. und den Met..

Nach Renz läßt sich folgendes festhalten:

A.A.3,697 f / Met.7,813 f

cantare solebat / cantare solebam
meos releves aestus / relevare velis aesus
accipienda sinu / intresque sinus

Es erstaunt nicht, daß in beiden Versgruppen Übereinstimmungen zu finden sind, da sie im gleichen Kontext gesehen werden müssen: Beide Male werden Kephalos' Jagdgewohnheiten(daher der Gebrauch des imperfektischen *solere*) dargestellt. Da beide Erzählungen, wie gezeigt, mit der Polysemie *Aura* spielen (die allerdings zu unterschiedlichen Zeiten aufgelöst wird), ist es nicht verwunderlich, daß auch beide Male das Umfeld sprachlich bewußt zweideutig ausgestaltet wird (*relevare aestus,sinus*). Es ist jedoch auffällig, daß die Schilderung in den Met. ausführlicher, fast noch etwas erotischer ist als die Feststellung in der A.A. Dazu trägt bei, daß die Erzählung in der 1.Person der Met.Fassung die erotisch-laszive Tendenz durch die unmittelbare Beteiligung der Hauptperson noch verstärkt.

A.A. 3,727 / Met. 7,836

..per herbas / ..per herbas

Es erscheint ungewöhnlich, daß ein so seltener Ausdruck[1] wie *per herbas* beide Male von der Aussage her an fast gleicher Stelle steht.

Man könnte darin ein Indiz dafür sehen, daß das III.Buch der A.A. und die ersten Bücher der Met. (bis einschließlich Buch 7) zeitgleich abgefaßt worden sind, was jedoch nicht mit letzter Gewißheit zu verifizieren ist.

A.A. 3,733 / Met. 7,805

iuvenaliter artus corripit / *venatum in silvas iuvenaliter ire solebam*

Beide Male verwendet Ovid ein auffälliges Adverb, das bei ihm insgesamt nur viermal eingesetzt ist.
Auch hier könnte man wieder auf die o.a. These zurückgreifen, daß die Abfassungszeit beider Werke ungefähr identisch sei.
Die unterschiedlichen Bedeutungsnuancen wurden schon bei den jeweiligen Einzelinterpretationen aufgezeigt[1], hingewiesen werden muß aber noch auf den unterschiedlichen Kontext: In der A.A. erläutert *iuvenaliter* die Wurfbewegung des Speeres, steht also im Höhepunkt der Tötungsszene, während das *iuvenaliter* in den Met. die Jagdgewohnheiten des Kephalos näher erläutert, also zur weitesten Vorgeschichte gehört.
Interessant ist, daß V 733 der A.A. noch eine weitere Entsprechung in den Met. hat:

A.A. 3,733 / Met. 7,841

ille feram vidisse ratus / *sum ratus esse feram*

Auffällig ist hier nicht so sehr die beidmalige Verwendung des Verbums *ratus(sum)* mit der leicht modifizierten Ergänzung *vidisse/esse*, sondern die Tatsache, daß in beiden Fassungen von einer *fera* gesprochen wird - auch hier wieder ein Hinweis auf die gleiche Abfassungszeit?

A.A. 3,736 / Met. 7,846

me miserum / *me miserum*

Meines Erachtens ist es nicht ungewöhnlich, daß ein solcher Ausruf in beiden Fassungen vorkommt. Durch die Tatsache, daß dieser Ausruf von unterschiedlichen Personen getätigt wird (A.A. Ovid in einer Apostrophe/ Met. Kephalos als Erzähler) und zudem noch unterschiedliche Handlungen kommentiert, sollte man die Verwendung des Ausdruckes wirklich nur formal als Ausdrucksparallele bezeichnen.

A.A. 3,737 / Met. 7,843
'ei mihi',conclamat / *'ei mihi!'conclamat*
Diese Parallele im Ausdruck ist auch vom Inhalt her völlig deckungsgleich: Beide Male spricht Procris, unmittelbar nachdem sie vom Speer des Kephalos getroffen worden ist.
Bei der A.A. kommt hinzu, daß die sprechende Person nicht sofort dem Leser erkenntlich wird, sondern erst im Folgenden erkannt wird, daß nach der Apostrophe Ovids' nun Procris mit einem Ausruf einsetzt.
Auch an dieser Stelle ist es wieder schwer zu beurteilen, ob hinter dieser Parallele eine Absicht des Autors gesucht werden muß. Natürlich könnte die sterbende Procris auch etwas Anderes ausrufen, denn es fällt auf, daß in den Met. der Ausruf aus der A.A. nur unvollständig wiederaufgenommen wird, da die eigentliche Aussage fehlt.
In den Met. hingegen hat der Ausruf lediglich die Aufgabe, Kephalos durch den gegebenen Laut daraufhinzuweisen, daß es keine *fera*, sondern Procris war, die er mit seinem Speer getroffen hat.
Man kann also festhalten: Zwar eine Teiladaption, jedoch mit unterschiedlichen Aufgaben innerhalb der Erzählung.

A.A. 3,744 / Met. 7,849
vulnera saeva / *vulnera saeva*
Diese Junktion, die in beiden Fassungen im poetischen

Plural steht, wird beide Male im Zuge der "1.Hilfe", die Kephalos an der verletzten Procris leistet, erwähnt, jeweils mit einem anderen Verb verbunden (*lavat/ligo*), was jedoch die Aussage nicht grundlegend verändert.

Bömer führt in seinem Kommentar an[1], die Junktion sei stereotyp und translate, so daß hier, wenn überhaupt eine absichtliche Adaption Ovids vorliegt, eventuell nur ein Verweis auf eine gemeinsame Abfaßzeit gesehen werden könnte.

A.A. 3,746	Met. 7,820
excipitur... spiritus ore	spiritus...capiatur ab ore
	Met. 7,861
	...nostroque exhalat in ore

Die letzte Ausdrucksparallele beinhaltet, so führt Bömer an, eine "kunstvolle Zweideutigkeit": Geht man von der A.A. aus, so wird der dort genutzte Ausdruck in einer leichten Variation (*excipere>capere*) dort wieder aufgenommen, allerdings in einem ganz unterschiedlichen Kontext:

In der A.A. wird vom Atem der Procris in der Sterbeszene gesprochen, während Kephalos in den Met. Aura anspricht, die seinen Atem aufnehmen soll. Ironie des Schicksals ist es, daß dieser Wunsch in V 861 in tragischer Weise in Erfüllung geht, da Kephalos dort den Atem seiner sterbenden Frau aufnimmt.

Ist die Parallele zwischen A.A. und Met. dadurch zu erklären, daß es für die Atemspende (im Tod üblich) wohl kaum einen anderen Ausdruck gegeben haben mag, ist für einen weiteren Vergleich in jedem Fall die Binnenwiederaufnahme in den Met. und deren Wirkung auf den Leser wichtig.

Unbestreitbar ist in jedem Fall, daß Ovid bei der Ausgestaltung des V 861 sich ganz bewußt an der Diktion des Verses 820 orientiert hat, um ein Zeichen zu setzen.

Für die beiden Fassungen der Kephalos-Procris-Episode kann man zusammenfassend sagen, daß sich aus den festgestellten Ausdrucksparallelen nicht eine Tendenz Ovids ableiten läßt, Diktionen von einem Werk ins andere zu transponieren.

Vielmehr könnte man die Übereinstimmungen daraus erklären, daß Ovid besonders prägnante Ausdrücke, die ihm gut gelungen erschienen, übernahm.

Eine weitere Möglichkeit zur Erklärung wäre die zeitliche Nähe der Abfassung beider Werke. Dieses jedoch über die Wortwiederholungen nachzuweisen, ist meines Erachtens überzogen, da die Argumentationsbasis für treffende Aussagen viel zu schmal ist.

2.3 Zusammenfassung

Anhand der relativ wenigen sprachlichen Übereinstimmungen wird besonders deutlich, daß Ovid bei deckungsgleicher Handlung bewußt eine unterschiedliche Diktion gewählt hat. Daraus ergibt sich die wesentliche Frage, ob diese Unterschiede "gattungsbedingt" sind. Nicht unbeachtet lassen darf man in jedem Fall die Abhängigkeit der Darstellung desselben Stoffes von der jeweiligen Werkintention.

3. Stilistik

3.1 Metrum

Wie wir gesehen haben, ist jede der beiden Gattungen unabänderlich durch ihr Metrum definiert. Ziel dieses Untersuchungspunktes ist es herauszustellen, inwieweit sich Ovid dem vom Metrum gegebenen Rahmen fügt bzw. ob er darüberhinaus Anstrengungen unternimmt, gewisse metrische Gegebenheiten zu egalisieren.
Die A.A. ist untrennbar mit dem elegischen Distichon verbunden, für das folgende Regeln aufgestellt sind.:[1]
Das elegische Distichon besteht aus Hexameter und Pentameter. Durch diese stets wiederkehrende Abfolge ergibt sich nach jedem Distichon ein starker Einschnitt, da es sich jedes Mal um eine in sich geschlossene metrische Einheit handelt. Die Geschlossenheit der Disticha bringt es mit sich, daß, da in der Regel der Hexameterschluß mit einem Kolonende zusammenfällt, im Pentameter sehr selten ein neuer Gedanke entwickelt wird, sondern meistens der alte ausgeführt oder zugespitzt wird. Dadurch kommt es zu vielen gedanklichen Neueinsätzen, die den "Staccato-Stil"[2] der Elegie prägen. Heinze geht sogar so weit, elegische Dichtung als eine "Schnur gleichlanger Einzelstücke" zu bezeichnen, "die kleine Ganze für sich bilden".[3]
Die Metamorphosen, im epischen Versmaß, dem Hexameter, abgefaßt, sind durch eben dieses Versmaß und besonders durch viele Enjambements in ihrer Diktion ruhiger und fließender.[4] Da mit diesem Versmaß je nach Bedarf längere oder kürzere Perioden gebaut werden können, ist es für den Dichter leicht möglich, eine Einförmigkeit des Satz-

baues zu vermeiden. Gleichzeitig treibt der Hexameter die
Handlung stetig voran, wobei es dem Dichter jedoch auch
durch die Freiheit des Periodenbaus freisteht, weitschweifiger zu erzählen und sich somit vom Inhalt zu lösen.[5]
Wir erkennen also aus diesen beiden Kurzbeschreibungen,
daß der Hexameter durch seine für den Dichter größtmöglichen Freiheiten für eine Erzählung in jedem Fall geeigneter ist.

3.1.1. Metamorphosen

Und in der Tat ist bei den beiden Metamorphosen-Fassungen
zu beobachten, daß Ovid diese metrische Ungebundenheit
derart ausnützt, daß er große Sinnzusammenhänge [6] in einer umfangreichen Satzperiode abhandelt. Dadurch, daß
Versende nicht immer automatisch Kolonende ist, sondern
daß neue Aktionen z.B. auch mitten in einem Vers einsetzen können, ergibt sich ein stetiger Erzählfluß. Stilistisch werden die Perioden oft durch Hyperrbata, Anaphern
und Alliterationen verbunden; verstechnisch werden Handlungen durch häufige Enjambements verbunden.[7]
Trotz dieser an sich fließenden Diktion lassen sich in
beiden Fassungen gewisse Ausführlichkeiten bzw. Knappheiten feststellen, die man provokativ fast mit "elegischer
Asymmetrie" bezeichnen könnte. Diese Erscheinung soll im
Folgenden noch eingehender behandelt werden, da der Bewertungspunkt der Asymmetrie bei Heinze [8] eine wichtige
Rolle zur Unterscheidung bei epischer und elegischer Erzählweise spielt.
Vorsichtig kann man formulieren, daß Ovid in beide Erzählungen Elemente einflicht, die die epische Erwartungshaltung durchbrechen und somit die Besonderheit - das *epos sui generis* [9] - des ovidischen Epos betonen.

3.1.2. Ars Amatoria

Betrachtet man nun die beiden Erzählungen in der A.A., die durch das elegische Distichon hinsichtlich ihrer Variabilität recht eingeschränkt erscheinen, wird deutlich, daß Ovid sehr bemüht ist, diese Einengung des Metrums auf vielfache Art auszuschalten.

Bei einer schematischen Betrachtung wird deutlich, daß die "klassische Aufteilung" der Aussage im elegischen Distichon, also die Neueinführung des Gedanken im Hexameter und deren Ausführung im Pentameter, in beiden Erzählungen noch dominert. Auffällig sind jedoch andere Gestaltungen, die fast gleichrangig auftreten:

	Keph/Pr.	Ven/Mar.
klassische	13 D	7 D
Aufteilung	3x2inh.verb.	3 verb.
---	---	---
Distichon	8 D	5 D
= 1 Gedanke		
---	---	---
Disticha inh.	9 D	2 D
verbunden, kein	3/2/2/2	
Spannungsabfall		
---	---	---
knappes Enjambement	2 D	1 D
---	---	---
weites Enjambement	-	1 D

Es wird deutlich, daß Ovid sich um einen relativ fliessenden Erzählgang bemüht, was aufgrund des enggefaßten Metrums nur insoweit gelingen kann, daß inhaltliche Bezüge zwischen den einzelnen Disticha die Arbeit vorantreiben. Aber auch rhetorische Mittel werden ganz gezielt dazu eingesetzt, die einzelnen Disticha in eine enge Verbindung zueinander zu setzen: Chiasmen, aber auch Hyperbata und Parallelismen, sorgen zum einen für eine Verbindung zwischen Hexameter und Pentameter [10], so daß die Aussage durchgängig bleibt und die Spannung nicht absackt, darüberhinaus aber auch für Verbindungen zwischen den einzelnen Disticha.[11] Auch dadurch, daß ein Distichon eine syntaktische Einheit bildet [12], ist es möglich, die Spannung über das ganze Distichon zu ziehen.

Ein gewisser "Stakkato-Stil" wird ganz bewußt da evoziert, wo es die Handlung (bzw. die Aussage Ovids) verlangt: So lassen sich in der Venus/Mars-Erzählung auf dem Höhepunkt der Ereignisse kurze prägnante Sätze ausmachen, die Aktualität, ja Schnelligkeit ausdrücken.[13] Auch in der Erzählung von Kephalos und Procris läßt sich eine Prägnanz im Ausdruck, betont durch knappe Sätze, kurz vor Beginn der Tragödie beobachten.[14] Hier wird durch den raschen Wechsel der handelnden Personen ebenfalls Schnelligkeit des Ablaufes hervorgerufen.

Man darf meines Erachtens in keinem Fall generalisierend anführen, es handele sich um die bereits zitierte Schnur gleichlanger Einzelstücke. Sie sind zwar gleichlang hinsichtlich bzw. aufgrund ihrer äußeren Form, doch sie unterscheiden sich in Form, Inhalt, Ausgestaltung und durch die verschiedenen Arten der Verknüpfung ganz erheblich voneinander.

Grundsätzlich kann man sagen, daß sich beide Erzählungen hinsichtlich ihres Metrums nicht starr an die ohne Probleme möglichen Vorgaben des elegischen Distichons halten, sondern versuchen, diese einschränkende Gegebenheit durch eine Vielzahl von Mitteln zu umgehen. Daher kann

das Metrum in unserem Fall in seiner Ausgestaltung nur
bedingt als Indikator für epische bzw. elegische Erzählung herangezogen werden: Formal ist der starke Unterschied gegeben, den Ovid jedoch aus Gründen, die noch
herauszuarbeiten sind, abzuschwächen versucht.

3.2 Sprachliche Ausgestaltung

Bei dem Versuch, die Ausgestaltung der beiden jeweils
einer Gattung zugehörigen Texte in all ihren Nuancen darzustellen, ergibt sich insbesondere das Problem der Aussagefähigkeit. Es ist zwar prinzipiell möglich, eine Fülle von Material gegenüberzustellen, doch erscheint es mir
sinnvoller, an textentscheidender Stelle jeweils eine
"Tiefbohrung" zu veranstalten und ansonsten wichtige Erscheinungen nur beschreibend kurz darzustellen. Bei diesem Verfahren wird es sich nicht vermeiden lassen, daß
sich Wiederholungen zu den vorgelegten Einzelinterpretationen ergeben. Zwar soll immer auch mit Blick auf den
Kontext argumentiert werden, doch für zusammenhängende
Darstellungen möchte ich auf den Teil A der vorliegenden
Arbeit verweisen. Jetzt sollen die einzelnen Erzählungen
jeweils die Textgrundlage für die anstehende Untersuchung
bilden.

Es ist fast unvermeidbar, daß sich bei der Frage nach
unterschiedlicher Ausgestaltung einzelner "Gelenkstellen"
auch immer Punkte ergeben, die anderweitig (z.B. auf Basis der Gesamttexte) abgehandelt werden sollen. An der
"Detailstelle" wird dann auf den Hauptpunkt verwiesen
werden.

3.2.1. Venus und Mars

Stelle: Reaktion Vulcans: Erstellen der Falle und
deren Zuschnappen

A.A.II 577-580 bzw. Met.IV 174-184

Auffällig ist zunächst einmal, daß vier Verse (= 2 Disticha) in der A.A. elf Versen in den Met. gegenüberstehen, daß also die epische Erzählung hier viel breiter angelegt ist, obgleich sie insgesamt kürzer ist als ihr elegisches Pendant.

In der A.A. geht dieser Stelle die Meldung des Sonnengottes un die daraufhin eingeschobene Apostrophe des Dichters voraus, während die Reaktion Vulcanus' auf den Verrat zunächst einmal sehr menschlich ist, indem er heftig erschrickt und alles, was er in den Händen hält, fallenläßt.[15]

Die Knappheit in der A.A., die uns schon rein numerisch deutlich wurde, wird inhaltlich noch verstärkt: Herstellen und Auslegen der Schlingen ist nahezu eine Handlung, wobei das Erstellen nicht über ein Verb verdeutlicht wird, sondern lediglich in den "Qualitätshinweisen" von Seiten des Autors zum Ausdruck gebracht wird: *obscuros* (577) bzw. der auch in den Met. zu findende, leicht modifizierte Ausdruck *lumina fallit opus* (578), der syntaktisch "hintenangehängt" erscheint. Desweiteren könnte die Antonomasie *Mulciber* für Mars noch auf das Herstellungsverfahren hinweisen.

Ganz anders die Darstellung in den Met.: Zu der breit angelegten Beschreibung des Herstellungsverfahrens tritt zunächst ein breiter, an Homer angelehnter Vergleich, der in Parenthese gesetzt, nachdrücklich auf die Qualität des Werkes hinweist und somit die schon aus der A.A. bekannte Junktur - hier in Form eines Relativsatzes - *quae lumina fallere posset* (177) unterstreicht. Daran anschließend wird das genaue Auslegen der Schlingen beschrieben, wobei indirekt eine Beschreibung der Funktionsweise der Falle enthalten ist.

Vergleicht man die Ausdrucksbreite beider Passagen, so fällt in der A.A. eine schlichte Darstellungsweise mit sparsam gesetzten Worten auf. Einige Worte haben eine doppelte Bedeutung, wie z.B. das angeführte *Mulciber* (577), womit zum einen die Person Vulcanus "per se" gemeint ist, gleichzeitig aber auch die Herstellung der Falle (das Schmieden) angesprochen wird. Trotz der knappen Ausdrucksweise stellt sich jedoch der Ausdruck *circaque superque* sehr ausdrucksstark dar - er gibt einen sehr anschaulichen Eindruck von der Art und Weise, wie Vulcanus seine Falle aufbaut. Auch die Junktur *disponit laqueos* (578), die in den Met. in ähnlicher Form erscheint, betont das Auslegen der "Fallstricke".

Aus der Tatsache, daß sich in diesem Distichon praktisch alles um die Errichtung der Falle dreht, während der eigentliche Herstellungsprozeß nur im übertragenen Sinne gestreift wird, kann man die Folgerung ziehen, daß dieses Distichon nur dazu gedacht ist, die Handlung der Art voranzutreiben, daß alles auf den Konflikt des Ertapptwerdens - analog zu dem gegebenen Praeceptum - hinzielt. Man kann daher sagen, daß alles, was mit der Falle zu tun hat, nur Mittel zum Zweck ist und von daher lediglich knapp abgehandelt wird. Es läßt sich also eine gewisse Zweckrationalität im sprachlichen Bereich feststellen.

Ganz anders die Tendenz in den Met.: Ovid legt viel Wert darauf, den Herstellungsprozeß ausführlich darzustellen, was auch sprachlich zum Ausdruck kommt. Der knappen sprachlichen Ausgestaltung in der A.A. steht ein fast

pleonastisch zu nennender Stil in den Met. gegenüber. So
stehen drei Ausdrücke, *catenae, retia* und *laquei*, für das
Synonym "Falle", deren Herstellung sprachlich durch das
Verb *elimare* [16] und inhaltlich durch den breiten Vergleich betont wird.
Dieser Vergleich, der zunächst zweigeteilt erscheint,
sich dann jedoch zu einer übergeordneten Aussage einigt,
ist in seinem ersten Teil mit wachsendem Spannungsverlauf
aufgebaut: Die ungewöhnliche Satzstellung - *non* steht
nicht vor dem verneinten Wort - trägt dazu bei, Spannung
zwischen den beiden Vergleichsgegenständen zu evozieren,
die völlig gesperrt stehen. Während *illud opus* als das
Werk Vulcans am Anfang steht, setzt das Subjekt des Satzes, also der Gegenstand, der dieses Werk nicht besiegen
kann, ganz betont am Ende, die *stamina*. Hier wird dem
aufmerksamen Leser deutlich, daß der Vergleich auf den
Bereich der Spinne verweist, was im 2.Teil des Vergleiches auch bestätigt wird. Bereits Homer verglich in seiner Fassung der Venus/Mars - Erzählung das Werk Vulcans
mit feinen Spinnweben, so daß dieser Vergleich geradezu
"episch legitimiert" ist.[17] Die ausgefallene Satz- bzw.
Wortstellung wird auch in den zwei weiteren Versen deutlich, die sich mit dem Funktionieren bzw. dem Auslegen
der Falle beschäftigen.
Insgesamt wird an dieser Stelle deutlich, daß Ovid besonders die "technische Seite" [18] des Vorganges in den Vordergrund stellen will und das durch eine kunstvolle
sprachliche und stilistische Ausgestaltung schafft. Im
Vergleich zu der Schilderung in der A.A. kann man hier
fast sagen, daß die ausführliche Beschreibung sich nahezu
von der ansonsten knappen Darstellung löst und zum
Selbstzweck wird, daß also eindeutig ein anderer Schwer-

punkt gesetzt wird.

Es stellt sich nun die Frage, ob die jeweils nachfolgenden Verse, die das Zuschnappen der Falle behandeln, die festgestellten sprachlich - stilistischen Tendenzen fortsetzen.

Formal fällt zunächst auf, daß beide Darstellungen in etwa gleichlang sind (A.A. 579/580; Met.182-184) - ein Indiz dafür, daß die Ausgestaltung in den Met. nun gegenüber dem Vorherigen deutlich abfällt?[19]

In der A.A. sind in dem Distichon drei Aussagen "verpackt": Im Hexameter wird die Ausgangssituation ("sturmfreie Bude") geschildert, im Pentameter schnappt die Falle zu.

Der Ablauf in den Met. ist längst nicht so logisch wie der in der A.A.: Ovid übergeht in poetischer Verkürzung das seit Homer bekannte Motiv der Erzählung, das auch in der A.A. Verwendung gefunden hat, daß Vulcan eine Reise nach Lemnos vorschiebt, um das Paar "in flagranti" erwischen zu können. Es ergibt sich hier also kein augenscheinlicher Grund, warum sich Venus und Mars gerade "jetzt und dort" treffen. Nach diesem Treffen schnappt aber auch in den Met. die Falle zu, die nochmals ausführlich in Hinblick auf die Herstellungstechnik dargestellt wird (183 *arte viri, nova ratione*).

Bei einem Vergleich der Erzählstile fällt auf, daß die Diktion in der A.A. "stakkatomäßig" verläuft und somit versucht, eine rasche Handlungsabfolge darzustellen. Die Diktion in den Met. dagegen ist fließender, evoziert durch Partizipialjunktionen und weitgesperrte Hyperbata. Aufgrund der relativ parallelen Handlung ergeben sich auf den ersten Blick gewisse gleichlautende Sentenzen bzw. Ausdrücke, die sich jedoch bei näherer Untersuchung von

ihrer Aussage her als recht unterschiedlich erweisen.
Zunächst die reine Auflistung:

(579) *veniunt*   (182) *venere in unum*
      foedus   *torum*
(579) *amantes*   (182) *coniunx et*
                            adulter
(580) *implicti*   (183/ *deprensi*
      laqueis   184) *vinclis*
(580) *nudus*   (184) *in mediis*
      uterque   *amplexibus ambo*
      iacent   *haerent*

Ganz auffällig ist die Wandlung der Bezeichnung von Venus und Mars: Wurden sie in der A.A. als *amantes* relativ wohlwollend bezeichnet, läßt sich in den Met. eine unterschiedliche Bewertung der Angelegenheit feststellen: Venus wird vorangestellt ihrem Status nach relativ neutral als *coniunx* erwähnt, während Mars hier ganz eindeutig als Ehebrecher (*adulter*) bezeichnet und somit als der Schuldige der ganzen Episode beurteilt wird.[20]
Diese Ehebezogenheit läßt sich auch an dem Substantiv *torum* ablesen, das gemeinhin für Ehebett steht, so daß die Sünde des Paares noch erhöht wird. Dagegen betont die Bezeichnung *amantes* in der A.A. die gegenseitige Liebe ohne die Zuweisung einer Schuld und nimmt so den zarten Ton auf, in dem das Entstehen der Liebe geschildert worden ist. Dieser "burleske" Zug rutscht ausdrucksmäßig leicht ins Frivole ab: Das Substantiv *foedus* muß eindeutig in erotischem Kontext gesehen werden, ebenso wirkt die Beschreibung des ertappten Paares leicht frivol. Gerade die "Zustandsbeschreibung" nach Zuschnappen der Falle unterscheidet sich trotz der prinzipiell identi-

schen Aussage hinsichtlich ihrer stilistischen Ausgestaltung stark voneinander:

A.A.	*uterque*	Met.	*ambo*
	nudus		*in mediis*
			amplexibus
	iacent		*haerent*

Es wird deutlich, daß die Met. sich "bedeckter halten" als die A.A.: Während dort die "nackten Tatsachen" relativ schlicht sprachlich dargestellt werden, verstecken die Met. diese Tatsachen hinter Euphemismen wie *in mediis amplexibus haerent*. Auffällig ist, daß zur Bezeichnung des Paares einmal *uterque* mit dem Plural des Prädikates, einmal *ambo* verwendet wird. Hier könnten jedoch verstechnische Gründe eine Rolle gespielt haben.
Kehren wir zur Ausgangsfrage zurück, ob nämlich die sprachliche Ausgestaltung in den Met. zu dieser Stelle sich im Vergleich zum Vorhergegangenen abgeschwächt hat. Pauschal kann man diese Frage nicht beantworten, doch es bleibt festzuhalten, daß die Fassung in den Met. nicht eine so schlichte Diktion wie in der A.A. zu dieser Stelle aufweist. Hinzu kommen einige inhaltliche Aspekte, die aber noch unter besonderer Fragestellung behandelt werden sollen.

3.2.2. Kephalos und Procris
Reaktion der Procris auf die Meldung hin
A.A. 701-712   Met. 826-834

Bei den Einzelinterpretationen haben wir bereits gesehen,

daß die Fassungen der Erzählungen von ihrer Makrostruktur her einander recht ähnlich sind, sich in ihrer Mikrostruktur jedoch oftmals bei einzelnen Episoden innerhalb der Erzählung erheblich unterscheiden.

An dem oben angeführten Beispiel soll eine wichtige Stelle für den Gesamttext hinsichtlich ihrer sprachlich-stilistischen Ausgestaltung untersucht werden.

Beiden Stellen geht die Meldung des Gehörten an Procris voraus. Obwohl in beiden Fassungen dieses Stück ungefähr gleichlang ist, wirkt es doch in der A.A. ausführlicher, was meines Erachtens an der Binnenstruktur dieser Stelle liegt.

Für eine knappe Darstellung würde das Distichon 701/702 genügen, in dem die Tatsachen, die zum Fortgang der Handlung benötigt werden, dargestellt sind: Procris empfängt die Nachricht und reagiert darauf (*excidit et..muta dolore fuit*). An dieser Stelle nun setzt die Ausführlichkeit ein, indem chiastisch die beiden Prädikate näher ausgeführt werden. Die nun folgende Passage wurde bereits in Teil A genau untersucht. Hier muß jedoch ausdrücklich auf die Tatsache hingewiesen werden, daß ein solch breiter Vergleich (2 Disticha) eines Menschen mit Naturerscheinungen für eine "elegische Erzählung" sehr ungewöhnlich ist, wenn man die Kriterien der Sekundärliteratur betrachtet.[21] Hier kann man meines Erachtens bei Ovid die Bemühung konstatieren, den Leser dadurch zu verwirren, daß er ihn mit einer stilistischen Erscheinung konfrontiert, die die Erwartungshaltung durchbricht, da ein Vergleich traditionell dem epischen Stil zugeordnet wird.[22] Mit dieser Ungewohnheit geht gleichzeitig eine zunehmende Rhetorisierung einher[23], verbunden mit einem gewissen pathetischen Stil, der ebenfalls nicht selbst-

verständlich für eine elegische Erzählung ist.
Der zweite Teil der Reaktionsschilderung, in Vers 702
vorbereitet durch *excidit*, umfaßt wieder zwei Disticha
(707-710) und schildert eine rasende, scheinbar unbeson-
nene Procris: "Typisch elegisch" ist hier nun wieder die
Schilderung des Trauerverhaltens [24]. Durch die lebendige
Art der Darstellung wird die hektische Reaktion der Procris zum Ausdruck gebracht, wobei das historische Präsens
in 707ff dem Leser den Wahnsinn besonders nahe bringt.
Den Abschluß der Sequenz bildet der Entschluß der Procris, den Wald zu betreten, um - der Leser kann es nur
erahnen -, Kephalos auf frischer Tat zu ertappen.
Betrachten wir im Vergleich dazu den Ablauf der gleichen
Sequenz in den Met.: Die Reaktion der Procris wird mit
der Sentenz eingeleitet, die das Nachfolgende fast zu
entschuldigen scheint - *credula res amor est*(826)[25]. Es
ist an dieser Stelle schwierig zu entscheiden, ob diese
Sentenz als eine Art Apostrophe des Dichters Ovid oder
als ein Einschub des Erzählers Kephalso gewertet werden
muß. Ganz ähnlich wie in der A.A. wird zunächst - durch
den Erzähler Kephalos - im Referat der körperliche Zusammenbruch der Procris geschildert. Nach ihrer Reanimierung
- der ganze Komplex der Beschreibung der ohnmächtigen
Procris entfällt - wird in referentieller Rede durch den
Erzähler Kephalos Procris' Reaktion wiedergegeben. Hatte
sie in der A.A.-Fassung völlig unbeherrscht reagiert,
scheint sie nun fast Ovids Warnung aus der A.A. zu be-
rücksichtigen[26] und handelt nicht überstürzt. Hier ergibt
sich eine andere Procris, die verbal klagt (und nicht,
wie in der A.A., mit vordergründigen Trauergebärden auf
sich aufmerksam macht). Auffällig ist, daß sie das *fatum*
an ihrer mißlichen Lage für mitschuldig erklärt.[27]

Generell ist die Darstellung hier mehr auf Rührung abgestellt, was auch an der Wortwahl erkenntlich wird: Prädikate wie *metuit*, *queta est* oder *dolet* evozieren beim Leser eine hilflose Frau, die völlig verzweifelt ist, was durch Procris' Bezeichnung als *infelix* noch gestützt wird.

Die Sequenz in der A.A. schildert starke aktive Effekte, die eine körperlich handelnde, zu allem bereite Procris darstellen. Diese "geistvolle" Haltung der Procris in den Met. setzt sich auch im Folgenden fort: Procris scheint nicht aktiv wie in der A.A. handeln zu wollen, sondern wird fast als eine gespaltene Persönlichkeit vorgestellt, die zunächst nicht weiß, wo ihr der Kopf steht, die dann jedoch recht objektiv die Sache in Angriff zu nehmen scheint. Sprachlich wird das dadurch deutlich, daß auch auf dieser Ebene die Gespaltenheit der Procris ihren Ausdruck findet: Neben mehr spekulativen Verba wie *dubitat* und *sperat* stehen Ausdrücke, die das objektive Vorgehen der Procris kennzeichnen: *negat, nisi viderit ipsa*. Auch die Diktion paßt sich zunächst den Klagen, dann auch dem Ausdruck des zweifelnden Sinnes an: Die in langen, teilweise asyndetisch gereihten Perioden ausgeführten Klagen vermitteln den Eindruck des "Heraussprudelns". Auf gleiche Weise sind auch die Überlegungen der Procris dargestellt, so daß hier ebenfalls das Spontane zum Ausdruck kommt.

Die Tatsache, daß diese ganze Sequenz von Kephalos referiert wird, der die Vorgänge auch nur vom Hörensagen kennt, hat keinen Einfluß auf die Lebhaftigkeit der Schilderung. Allerdings befindet sich die Darstellung von daher in einem anderen Kontext, als daß Kephalos in seiner Funktion als Erzähler bemüht ist zu betonen, daß Procris einem "Gespenst" hinterherjagt [28]. Auch in der A.A. läßt Ovid einfließen, daß "Aura" keine Bedrohung für Procris sei - *quasi paelicis*. Hier ist der Hinweis jedoch viel versteckter und wird fast durch die Einleitung dieses Distichons kompensiert: *ut accepit nomen,...,Aurae* - dieser Ausdruck zielt meines Erachtens nachdrücklich darauf ab, die Polysemie aufrechtzuerhalten.

Faßt man zusammen, so wird deutlich, daß auf sehr unterschiedliche Weise der Übergang vom "Verrat" zu den nachfolgend einsetzenden "tragischen Ereignissen" geleistet wird: Zunächst werden unterschiedliche Aktionsebenen in den beiden Fassungen dargestellt.

Desweiteren fällt auf, daß die Met. insgesamt flüssiger und geraffter die Überleitung zu der Tatsache bilden, daß Procris sich im Wald verstecken wird, um sich - und hier liegt ein weiterer inhaltlicher Unterschied - von der Schuld oder Unschuld ihres Mannes selbst zu überzeugen. In der A.A. dagegen läuft Procris, von der Anzeige verleitet, wie von Sinnen, eben wie eine Bacchantin, in den Wald, um Kephalos auf frischer Tat zu ertappen. Ungewöhnlich für die A.A. ist der breite Vergleich der ohnmächtigen Procris mit der morbiden Natur, der hier einen Schwerpunkt innerhalb der Darstellung und einen Kontrapunkt zu der die Episode in der A.A. einleitenden Ekphrasis bildet.[29] Eng damit steht die oftmals pathetisch wirkende Ausdrucksweise, während man in den Met. fast von einem schlichten Stil sprechen kann, was jedoch "rührende Elemente" nicht ausschließt.

Kann man nun anhand der beiden Beispiele einen klaren Unterschied im Stil zwischen den Erzählungen in der A.A. und den Metamorphosen feststellen - einen Unterschied, den Heinze so eindeutig [30] beschrieb?

Bei den genutzten Beispielen läßt sich eine solch' strikte Einteilung absolut nicht nachvollziehen. Zu oft finden sich Erscheinungen, die nicht in das Gattungsprinzip passen:

In stilistischer Hinsicht bleibt festzuhalten, daß sich nicht automatisch die von Heinze dargelegte Einteilung (Epos hoher Stil, Elegie schlicht und natürlich) finden läßt. Denn es ergeben sich immer wieder Stellen, an denen der Stil in die "andere Gattung springt", z.B. schlichte Sprache in den Met. und ein rhetorisch ausgefeilter Vergleich in der A.A.

Natürlich gibt in beiden Fällen das Metrum die "Grunddiktion" vor, doch ist bereits hier Ovid bemüht, gewisse metrische Einengungen, wie sie sich besonders beim elegischen Distichon ergeben, zu überwinden, so daß schon hier die Annäherung beider "Erzählarten" vorbereitet wird. Im Folgenden wird dann diese Vorgabe in sprachlich-stilistischer und damit auch in inhaltlicher Hinsicht ausgebaut.

Heinze selbst hat die Unmöglichkeit erkannt, seine Unterscheidung strikt durchzuführen und argumentierte, daß sich der Stil in den Met. immer dann dem elegischen Stil annähere, wenn keine Götter vorkämen.[31] Doch noch mehr: Es sei eine gegenseitige Beeinflussung der beiden Werke zu beobachten, da auch in die elegischen Erzählungen sukzessiv epische Elemente eindrängen[32], wie z.B. in der Kephalos/Procris-Erzählung Handlungen im Affekt.

Generell kann man sagen, daß in den Erzählungen der Met. sprachliche, aber auch inhaltliche Elemente aus den verschiedensten Literaturgattungen zusammenkommen[33] - gleichsam eine Synthese der Gattungen und ihrer entsprechenden Techniken.[34]

Interessant ist, daß die Venus-Mars-Erzählungen sich eher an das Gattungskonzept mit seinen Vorgaben zu halten scheinen. Die Tatsache ist wohl kontextuell dadurch zu erklären, daß die Erzählung in den Met. lediglich als Einleitung zu verstehen ist (jedoch subjektiv hinsichtlich der Auswahl![35]) und von daher eine gewisse "epische Knappheit" aufweist, innerhalb derer sich jedoch wieder atypische Asymmetrien aufzeigen.

Die Erzählung der A.A. richtet sich ziemlich genau nach der homerischen (epischen!) Vorlage, wobei Ovid sehr psychologisierend erzählt.

Es wäre vermessen zu glauben, anhand zweier "Tiefbohrungen" in stilistischer Hinsicht eine ganze, über Jahrzehnte gewachsene Theorie aufrollen zu können. Es lassen sich jedoch bei dieser Untersuchung auch wiederum Belege dafür finden, daß eine eindeutige Trennung zwischen epischer und elegischer Erzählung nicht so ohne weiteres möglich ist - ein weiteres Indiz dafür, daß Heinze ein zu starres Gattungsschema seiner Untersuchung zugrundegelegt hat.[36]

Anmerkungen: Stilistik

[1] nach

Friedrich CRUSIUS;Römische Metrik,

München⁴1959

M.v.ALBRECHT; Römische Poesie,

Heidelberg 1977, 63-79

R.HEINZE; Ovids elegische Erzählung;

a.a.O., Punkt VIII 361ff

[2] v.Albrecht, Römische Poesie, 74

[3] Heinze 363

[4] v.Albrecht, Römische Poesie 78

[5] Heinze 363

[6] z.B.V/M: Reaktion Vulcans;Götterversammlung

K/Pr:Anrufung der Aura;Reaktion Procris',

des Kephalos;Tod u.letzte Worte P.

[7] z.B.

[8] Heinze 347-352 (V.Untersuchungspunkt)

[9] E.J.BERNBECK;Beobachtungen zur Darstellungs-

weise in Ovids Met.

München 1967, S.133

[10] z.B.M+V 565/566;

K/Pr.699/700; 701/02;709/710;745/746

(kein Anspruch auf Vollständigkeit!)

[11] z.B.M+V 579/80;581/82;583/84;

K/Pr. 683/84;685/686;687/88,89/90,91/92

[12] z.B.M+V 567/68;573/74;585/86

K/Pr.727/28;731/32

[13] z.B.M+V 579/80;581/82;583/84

[14] z.B.K/Pr. 725-734 ständiger Personenwechsel

[15] s.hierzu Teil C "Götterdarstellung" und

"Wirkung"

[16] nach Bömer IV/V 72 Bedeutung entweder "ausfeilen" oder "in Feinarbeit herstellen"

[17] s.Einzelinterpretation Teil A:
Arachne-Erzählung
Brunner,a.a.O.,276 bzw.v.Albrecht
(in Görgemann)286 stellen zur Diskussion,
inwieweit ein solches Gleichnis als
ironisches Pathos zu sehen ist.

[18] Renz 20

[19] M.FREUNDT;Das Rührende in den Met.-
Interpretative Untersuchung
eines Phänomens und seine Bedeutung
für die Beurteilung Ovids,
Münster 1973,
S.249,stellt zur Disposition, daß Ovid einen
einmal angeschlagenen "hohen Ton" nicht sehr
lange durchhalten kann.

[20] Ovid nimmt hier ganz subjektiv Stellung und
läßt Moralvorstellungen einfließen, die
streng im Gegensatz zur Thematik der A.A.
stehen;s.auch Punkt"Objektivität"

[21] nach Brunner 276 soll durch ein Gleichnis
ehemals unepisches Material fürs Epos
legitimiert werden.

[22] M.v.ALBRECHT;Zur Funktion der Gleichnisse
in Ovids Met.
in:
H.GÖRGEMANNS/E.A.SCHMIDT(Hg.)
Studien zum antiken Epos,
Meisenheim/Glan 1976, 281ff
S.289:Gleichnis als Mittel der poetischen

Technik

v.Albrecht(in Burck)187 "das epische Gleich."

Burck 8:Gleichnisse stehen in homerischer Tradition

[23] s.Ergebnisse Teil A

[24] s.Teil A

[25] die Entsprechung dazu in der A.A.III 720 'mens semper,quod timet,esse putat'

[26] *ne cito credideris*

[27] auch Kephalos sprach in V 816 vom 'fatum' Burck 5 spricht dem Einfluß des 'fatum' eine wichtige Rolle zu, da es für eine "höhere Argumentationsbasis" sorge

[28] *quod nihil est,metuit,metuit sine corpore nomen*(830)*et dolet infelix veluti de paelice vera*(831) s.auch U-Punkt "Objektivität"

[29] Ein ähnlicher Kontrast,allerdings auf einer inhaltlich anderen Ebene,läßt sich in der Met.-Fassung feststellen:"eheliches Glück vs.Tragödie"

[30] Heinze 361-364 (U-Punkt 8)

[31] Heinze 361

[32] v.Albrecht(Burck) 148

[33] v.Albrecht(Burck) 139

[34] Freundt 58

[35] Burck 7

[36] Ernst DOBLHOFER;Ovidius urbanus.Eine Studie zum Humor in Ovids Met. in:Philol.104(1960)63ff,65

4. Untersuchungen zur Objektivität

In der althergebrachten Forschungsmeinung seit Heinze steht der epischen Objektivität die elegische Subjektivität gegenüber.
Grund genug zu untersuchen, ob diese strikte Trennung in den vorliegenden vier Erzählungen feststellbar ist.
Denn auch wenn der Tradition nach der epische Erzähler seinem Stoff mit "epischer Distanz" gegenübersteht und ein objektives, neutral bleibendes Erzählmedium ist, so läßt sich gerade in der römischen Kaiserzeit ein Wandel feststellen: Hier entfaltet sich in den Epen ab Vergil eine Erzählhaltung von extremer Subjektivität.[1] Doch auch in der Odyssee konnte dieses Phänomen schon beobachtet werden.
Die offensichtlichste Form, mit der der Dichter in das Geschehen eingreifen kann, ist die Apostrophe, in der der Dichter sich ganz subjektiv äußern kann. Daneben ist auch gerade die Gattung des Lehrgedichtes dazu geeignet, die rein subjektive Meinung des Autors zu verbreiten.

4.1 In der Ars Amatoria lassen sich, schematisch dargestellt, die folgenden subjektiven Äußerungen festmachen:

a. Venus/Mars   575/76 Apostrophe Ovids
                         desweiteren subjektiv eingestreute Bemerkungen:
                 565   (Bemerkung in Parenthese)
                 569   (*decebat*)
                 573   (rhetorische Frage)

b. Keph/Pr.   713-720 Apostrophe: psychologische Auswertung

735/736 Apostrophe und Aposiopese

4.2 Für die entsprechenden Erzählungen in den Metamorphosen läßt sich folgendes festhalten:
Die Erzählung von Venus/Mars ist frei von solchen "offensichtlichen Eingriffen" des Dichters.
Die Episode von Kephalos und Procris bietet eine grundsätzlich andere Erzählsituation, da hier Kephalos als Erzähler fungiert. So kann, wenn überhaupt, vordergründig nur die subjektive Meinung Kephalos' dargestellt werden.
Auffällig von seiten Ovids ist die Tatsache, daß die Sentenz *credula res amor est* (VII 826) stark an das Praeceptum aus der A.A. erinnert - eine Transformation der subjektiven Meinung Ovids?
In einem Vergleich ist es wichtig aufzuzeigen, ob sich Bewertungen des Autors über Inhalt bzw. Sprache feststellen lassen. Interessant sind besonders die Stellen in den Met., an deren "Gegenstücken" in der A.A. ein offensichtlicher Eingriff durch den Dichter erfolgt ist.

4.3 Venus und Mars
An welchen Stellen, inhaltlich gesehen, greift Ovid nun in der A.A. in das Geschehen ein?
a. Beurteilung der Göttin Venus (A.A.II565 bzw.569)
b. rhetorische Frage zur Person des Sonnengottes
c. frivoler Vorschlag an Sol
d. direkte Ansprache Neptuns

Es fällt auf, daß Ovid immer dann eingreift, um die Götter und ihre Handlungen kritisch zu bewerten.

In den Met. lassen sich lediglich sprachliche Erscheinungen ausfindig machen, die Hinweis auf eine mögliche subjektibve Haltung Ovids geben können.

171 *adulterium Veneris cum Marte*
174 *furta tori furtique locum*
182 *coniunx et adulter*
187 *turpiter*

Es ist auffällig, daß alle diese subjektiven Bemerkungen in einem gewissen Sinn die Schändlichkeit des Treibens herausstellen bzw. die Verwerflichkeit des Ehebruchs anprangern und so für die Ehe votieren.
Waren in der A.A. die Götter die Zielgruppe der Einmischung des Autors, so wird in der Met.-Fassung keiner von den beteiligten Göttern in irgendeiner Weise charakterisiert.
Die Eigenschaft Sols, alles als erster zu sehen, wird lediglich konstatiert und nicht, wie in der A.A., indirekt beschuldigt. Denn der Verrat wird durchaus als positiv dargestellt (z.B. *monstravit*).
Auch Vulcan wirkt in seiner Hilflosigkeit mitleidserregend und von daher fast sympathisch.
Der frivole Vorschlag eines Gottes wird nicht namentlich gekennzeichnet, um die "Erhabenheit" nicht zu zerstören. Diese wird jedoch, wie noch an anderer Stelle ausführlich dargelegt werden wird, insgesamt allein durch die Tatsache des Vorschlages erniedrigt.
Insgesamt kann man jedoch beobachten, daß Ovid bemüht ist, das Burleske in der Met.-Fassung zu entschärfen. Aufgrund der angeführten sprachlichen Hinweise kann man

auch die Vermutung äußern, Ovid werte (und interpretiere?) die Geschichte grundsätzlich anders, indem er die Ehe als besonders positiv darstelle und somit alle sie störenden Einflüsse besonders negativ.

4.4 Kephalos und Procris

Bei dieser Erzählung greift der Dichter in der A.A. inhaltlich an folgenden Stellen ein:

a. Bewertung des Verhaltens der Procris;
   Ovid scheint es zu verurteilen;
   gibt im weiteren Verlauf allgemeingültige Sentenzen über die Leichtgläubigkeit ab, womit er als didaktische Komponente das Praeceptum wieder aufgreift.
   (Verse 713-726)
b. zum Zeitpunkt des Speerwurfes; Ovid benutzt die Aposiopese, um nicht genau den Zeitpunkt des Tötens schildern zu müssen.   ----
c. abschließende Bemerkung: Ovid ermahnt sich selbst, wieder zu seinem eigentlichen Werk zurückzukehren.

Es wird deutlich, daß Ovid bei Handlungen bzw. Ereignissen eingreift, die direkt zur Tragödie führen. Das wird auch dadurch für den Leser deutlich, daß er z.B. durch ein deiktisches *ecce* (725) mitten in die Handlung versetzt werden soll.

Gibt es nun in der Erzählung der Met. wertende Hinweise Ovids, die er über seinen Erzähler Kephalos vermittelt? Folgende Ausdrücke könnten darauf hinweisen:

Vers

816 *sic me mea fata trahebant*

822 *nescio quis*

826 *credula res amor est*

830 *quod nihil est*

858 *sed quis docuisse iuvabat?*

---

863 *lacrimans hero*

Es ist schwierig, dem Autor Ovid Subjektivität "vorzuwerfen", da er Kephalos als Erzählmedium benutzt, der, wie der Leser schon von Beginn an weiß, alles andere als objektiv sein wird, da er die Ereignisse aus der Retroperspektive erzählen wird - nicht umsonst bezeichnet Ovid ihm am Ende als *lacrimans hero*.
Bewertet Ovid in der A.A. die Reaktion der Procris auf die Meldung hin in einer langen Apostrophe, schickt er nun der Schilderung dieser Ereignisse in den Met. eine entsprechende Sentenz voraus, die scheinbar von Kephalos, der die Reaktion aus der Vergangenheitsperspektive begründet, kommt. In Wirklichkeit ist das jedoch ein von Ovid didaktisch motivierter Eingriff - vielleicht als Reminiszenz an die A.A. für "eingefleischte Ovid-Leser" oder aber als Verweis auf die Gattung des Lehrgedichtes, das er maßgeblich geprägt hat.
Der schwankende Sinn der Procris, in der A.A. innerhalb der Apostrophe in Sentenzform behandelt, wird in den Met. im Anschluß an das Referat des Kephalos eingebracht. Hierbei geht der eigentliche Bericht des Kephalos unbemerkt in seine eigene Wertung über, springt dann wieder zurück ins Referat, das Kephalos jedoch aufgrund seiner Allwissenheit recht einseitig darstellt.
Es ist durchaus möglich, daß Ovid hier den reflektierenden Kommentar an eine dargestellte Person delegiert - seine eigenen Emotionen können dann kaum deutlich werden.

Der Speerwurf, der in der A.A. eine ganz auffällige Einmischung des Autors enthält, wird in den Met. ganz genau ohne Auslassung eines Details beschrieben. Ovid schreckt hier auch nicht vor der Darstellung der *vulnera saeva* zurück.

Es ist schwierig, an dieser Stelle den Standpunkt des Dichters nachzuweisen. Eine Spur könnte man in der rhetorischen Frage des Kephalos nach dem Tod der Procris sehen (858), die vordergründig aus der Perspektive Kephalos' fatalistisch klingt, die jedoch auch aus Ovids Sicht die Ungeschicktheit beider Ehepartner im Verhalten zu- und miteinander anprangern könnte. Dabei ist meines Erachtens ein ironischer Unterton nicht zu überhören.

4.5 Zusammenfassung

Auch wenn sich Ovid in der A.A. offensichtlicher subjektiv äußert als in den Met., so sind jedoch in den beiden Erzählungen der Met. Einflüsse des Autors zu erkennen, die der von Heinze propagierten "epischen Objektivität" widersprechen.

Man könnte sagen, daß die epische Objektivität nicht konsequent gewahrt bleibt [2], da Ovid auf ganz sublime Weise immer wieder seine eigene Wertung in die Erzählung einbringt. In der Kephalos/Procris-Erzählung der Met. ist diese Beteiligung des Autors oft nur zu erahnen bzw. an den aufgezeigten Parallelen zur Erzählung der A.A. nachzuweisen.

Auf jeden Fall wird an den beiden Beispielen der Durchbruch der alten Gattungsnorm deutlich - man kann nicht eindeutig eine bestimmte Erzählhaltung einem Werk zuordnen und diese als gattungsbildendes Charakteristikum festsetzen.

Anmerkungen

[1] Effe, Gymn. 172

[2] Herter S.131

5. Darstellung der Götter oder

Das Heroische

Im Folgenden soll die Frage behandelt werden, inwieweit Unterschiede oder Gemeinsamkeite in der Darstellung der Götter bestehen. Heinze geht von der Hypothese aus, daß in der elegischen Erzählung die Götter menschliche Züge (auch hinsichtlich ihres Verhaltens) tragen, während in der epischen Erzählung versucht werde, die göttliche Majestät zu steigern.

5.1 Faßbarer für uns sind die Götter und ihre Handlungen in den Mars/Venus-Erzählungen: Hier treten nicht nur so bekannte Götter wie Sol, Venus, Mars und Vulcanus auf, sondern hier agiert sogar eine Götterversammlung. Prinzipiell stellt sich die Frage, warum Ovid gerade diese Episode auch in den Metamorphosen bearbeitet hat, denn sie scheint mir nicht unbedingt dazu geeignet zu sein, die "göttliche Majestät" zu steigern, auch wenn gewisse Änderungen im Detail von Ovid vorgenommen worden sind, die versuchen, einige Aktionen der Götter in ihren Auswirkungen zu entschärfen. Die Tatsache, daß Ovid diese Erzählung eingebaut hat, kann eigentlich nur darauf hindeuten, daß er bestrebt ist, seine Leser mit der Wahl des Stoffes und dessen Ausgestaltung "gedanklich zu provozieren", indem er die Erwartungshaltung, die der epischen Erzählung zugrundeliegt[1], durchbricht.

5.1.1 A.A.

Kommen wir zu den einzelnen Darstellungen:

Bevor der eigentliche Konflikt in der A.A. beginnt, wird

ausführlich in einem 1.Hauptteil die Entstehung der Liebe zwischen Venus und Mars geschildert.² Innerhalb dieses Abschnittes werden die drei Hauptbeteiligten teilweise indirekt, aber auch ganz direkt charakterisiert.
Der Kriegsgott <u>Mars</u> wird als ein von der Liebe verwandelter dargestellt - eine Art Metamorphose vom *terribilis dux* zum *amator*(564). <u>Venus</u> wird als *non rustica*(565) bezeichnet, die sich den Annäherungsversuchen des Mars nicht widersetzt. *Vulcanus* schließlich spielt in dieser Dreiecksgeschichte die undankbare Rolle: Er ist der gehörnte *maritus*, der von seiner *lasciva* Venus verspottet(567) und in seiner Unbeholfenheit (eben dem genauen Gegenteil der Venus) nachgeahmt wird.
An dieser Stelle kann man mit Renz übereinstimmen ³, der sagt, daß die Götter zu Typen der erotischen Poesie werden: Venus die *domina*, Mars der *amator* und Vulcanus der (betrogene) *vir*.
Aber Ovid geht im folgenden sogar noch einen Schritt weiter: Indem er bei der Darstellung Sols die Handlungen und Reaktionen des Gottes noch weiter vermenschlicht, aktualisiert er gleichzeitig ⁴, so daß der Mythos an dieser Stelle Identifikationsmöglichkeiten für den Leser bietet.⁵ Das muß auch in jedem Fall im Vordergrund stehen, denn diese Erzählung steht als Exemplum in einem Lehrgedicht und hat von daher die Aufgabe, einen von Ovid gegebenen Rat zu erhellen und somit einsichtig zu machen. Das kann besonders dann gut gelingen, wenn der Leser von der "Authentität" des Beispieles überzeugt wird und sich im besten Fall in eine Rolle hineinversetzen kann.
Das gesamte Verhaltensschema der Götter ist im Bereich "Konflikt" darauf angelegt, möglichst naturalistisch, ja menschlich zu wirken: Venus reagiert, als sie mit Mars

ertappt wird, mit Tränen auf diese "Ausnahmesituation"(582). Auch die Götter, die von Vulcanus als Zeugen gerufen worden sind, zeigen sich nur allzu menschlich: Schadenfroh lachend genießen sie das Schauspiel, das sich ihnen bietet; einer sogar läßt sich zu einer "flapsigen" Bemerkung hinreißen. Vulcanus schließlich erscheint als ungeschickter Ehemann, "kleinkariert" und rachsüchtig, der letztlich noch von seinen Götterkollegen verspottet wird.

Man muß hinzufügen, daß dieser gesamte Passus der Götterversammlung eine starke Homer-Adaption [6] ist, die Ovid jedoch teilweise verkürzt hat. Er hat also nicht betont menschliches Verhalten der Götter hinzugefügt, sondern sich lediglich an seine Vorlage orientiert.

Ovid stellt in dieser Erzählung also in Göttergestalt nichts anderes als menschliche Typen überzeichnet dar, die in eine Dreiecks-Liebesgeschichte verwickelt sind. Zusätzliche Brisanz erhält die Figur des Sonnengottes, durch die Ovid indirekt die Verfahrens- und Bestrafungsweise der augusteischen Ehegesetze kritisiert.[7]

5.1.2 Met.

Sind nun die Götter der Metamorphosen-Erzählung erhabener, würdevoller dargestellt? Auf das Problem der Stoffwahl hatte ich schon hingewiesen. Generell scheint mir Ovid jedoch in dem gesamten Leucothoe-Zyklus, der durch die Venus/Mars-Episode in den Met. eingeleitet wird, nicht sehr auf die "Erhabenheit der Götter" zu achten: Behandelt werden die *Solis amores*(170), so daß der erhabene Sonnengott auch in den Met. von der Tendenz her sehr menschlich dargestellt wird.

Aufgrund der Knappheit[8] kommen hier Einzelschilderungen nicht vor - die gesamte Erzählung läuft, reduziert auf das unbedingt Notwendige, in verhaltenem Ton ab. Trotz dieser Kürze läßt sich das Bemühen Ovids erkennen, den Göttern eine Prägung zu geben: Sol z.B. handelt nicht aus Boshaftigkeit, sondern sein Verhalten entspringt ethischer Absicht.[9] Auch seine Allwissenheit, die, anders als in der A.A., hier durchaus positiv bewertet wird, stellt Ovid heraus.

Die beiden Hauptpersonen, Venus und Mars, werden nur in der Eingangszeile in der Junktur *adulterium Veneris cum Marte* erwähnt, so daß an dieser Stelle bereits abzusehen ist, daß die Darstellung im Folgenden zu Ungunsten dieser beiden Personen ausfallen wird.[10]

Die Schilderung Vulcans zielt darauf ab, beim Leser Mitleid für den unglücklichen Ehemann zu evozieren - eine ganz andere Tendenz als in der A.A., wo es diese Art der "Schwarz-Weiß-Malerei" nicht gab und wo die Einzelpersonen wenigstens charakterisiert wurden. In den Met. hingegen gibt es eine Polarisierung zwischen Gut und Böse mit der Verdammung der Beziehung von Venus und Mars. Auch hier zeigt sich also eine Tendenz, Götter in menschlichem Kontext darzustellen, allerdings unter veränderten Vorzeichen: Es geht hier nicht um eine generelle menschliche Handlung, sondern darum, daß menschliche Wertvorstellungen in die mythologische Welt zurückprojeziert werden. Allein die Tatsache, daß sich Venus und Mars hier "menschlich falsch" benehmen, trägt nicht dazu bei, die göttliche Majestät zu steigern, obwohl auf der anderen Seite versucht wird, Sol und Vulcan in ihren Handlungen moralisch aufzuwerten.

Die Abwertung des Verhaltens von Venus und Mars läßt sich auch sprachlich festmachen: Neben dem angeführten Eingangsvers 171 wird das besonders deutlich in Vers 182:

...*coniunx et adulter*. Hier wird die Zuweisung von Gut
und Böse noch weiter polarisiert: Venus wird, gemäß ihrer
Rolle als Ehefrau von Vulcanus, relativ neutral mit *coniunx* bezeichnet, derweil Mars als *adulter* eindeutig als
Schuldiger an dieser moralisch verwerflichen Lage ange-
prangert wird.

Die Götterversammlung schließlich als letztes mythologi-
sches Element dieser Erzählung ist ihrem Ablauf nach von
der Homer-Vorlage vorgegeben. Sie paßt sich im wesentlichen dem verhaltenen Ton der gesamten Erzählung an, was
jedoc die burlesken Töne nicht neutralisieren kann. Die
Versammlung ist betont anonym gehalten, die fatale Lage
des Paares wird subtiler angedeutet (*turpiter* 187). Auch
das Lachen der Götter ist indirekt und somit verhaltener.
Sehr menschlich ist die Folge der Erzählung: Venus be-
straft aus Rache über den Verrat den Sonnengott mit seinen unglücklichen *Amores*. Stellt man die beiden Aus-
gangspunkte, *amores Solis* (170) und *adulterium Veneris
cum Marte* (171) hinsichtlich ihrer Aussage einander gegenüber, so wird deutlich, daß Ovid die beiden Episoden
grundsätzlich anders zu bewerten scheint: Während das
adulterium eindeutig negativ belegt ist, passen die *amores* scheinbar zum Typ der Götterliebe, wie Heinze sie
definiert hat: Die Liebe der Götter sei velangend, be-
stimmend und passe so zu dem heroischen Habitus der Götter.

Es bleibt also die Frage, warum Ovid die Erzählung von
Venus und Mars unbedingt an dieser Stelle eingesetzt hat,
obwohl er im Detail einige Dinge ändern mußte. Mir erscheint es wiederum als ein Hinweis darauf, daß Ovid mit
den Assoziationen seiner Leser spielen will.

Zusammenfassend kann man sagen: Bei der Untersuchung der

göttlichen Darstellung sind wir zu dem Ergebnis gekommen, daß auch die Götter in den Metamorphosen eine gewisse menschliche Handlungsweise erkennen lassen, so daß man festhalten kann, daß nicht nur das Heroische im Vordergrund steht.

5.2.Darstellung von Ehe, Liebe, Ehebruch

Aber es ergibt sich bei dem ganzen Komplex auch gleichzeitig eine neue Frage: Gibt es bei beiden Werken einen Unterschied in der Darstellung von ehelicher Liebe, Untreue und Ehebruch?
5.2.1.Für die Venus/Mars-Erzählung war das schon angedeutet worden. Dort betont Ovid besonders in einer Apostrophe an den Sonnengott das Ausgelassene, ja "Frivole" dieser Erzählung. Mit dem Aktualitätsbezug der augusteischen Ehegesetzgebung und deren Verspottung begibt er sich jedoch insofern "aufs Glatteis", als er sich in seinem Ratschlag an Sol als Anstifter zum Ehebruch erweist - doch Ovid umgeht diese Gefahr dadurch, daß er sich im Abschluß an die Erzählung absichert. Er weist darauf hin, daß seine Spiele nicht gegen das Gesetz [11] verstoßen und daß sie insbesondere nicht für Matronen gedacht sind (599/600). Damit hat Ovid sich zwar faktisch abgesichert - die Aussage der Erzählung per se bleibt jedoch bestehen und erhält gerade durch die Beteuerung des Autors am Ende eine nachdrückliche Bestätigung ihrer Tendenzen: Die Ehe zwischen Venus und Vulcanus besteht zwar faktisch, wird jedoch während der gesamten Erzählung nicht in den Vordergrund gestellt, sondern kommt nur fast beiläufig zur Sprache: Erst in Vers 567 wird sprachlich deutlich, daß

die beiden verheiratet sind - *pedes risisse mariti*.
Ganz anders ist die Situation in den Metamorphosen: Bereits in der ersten Zeile (171) wird vom *adulterium* gesprochen. Auch während der ganzen Erzählung liegt die Betonung auf dem "Verwerflichen" in der Handlung von Venus und Mars, wobei Mars in die Rolle des Ehebrechers abgedrängt wird und Hintergründe, die Venus bewegt haben könnten, mit keinem Wort erwähnt werden. In der A.A. ging die Aktivität zwar zu Beginn von Mars aus, doch Venus war den Werbungen nicht abgeneigt.
Man kann also als Unterschied zwischen den beiden Fassungen festhalten, daß die Darstellung in der A.A. hinsichtlich ihres wahren Ablaufes "objektiv" zu nennen ist, während in den Met. die Tendenz besteht, die Institution "Ehe" zu glorifizieren [12] und auch die Geschehnisse diesem Ziel leicht modifizierend unterzuordnen.

5.2.2. Kephalos und Procris

Besonders die Kephalos/Procris-Erzählungen machen deutlich, inwieweit Ovid in den Handlungsablauf eingreift, um die Darstellung zu beeinflussen:
Die Erzählung in den Met. bildet, wie wir gesehen haben, das Ende und den tragischen Höhepunkt eines gesamten Zyklus: Um jedoch nicht die Wirkung der tragischen Geschichte durch eine burleske Vorgeschichte zu beeinträchtigen[13], mildert Ovid die Laszivität der vorliegenden griechischen Version, indem sich Procris bei Ovid nicht dem vollendeten Ehebruch hingibt, um sie so in einem möglichst idealen Licht erscheinen zu lassen und frei von jeglicher Schuld zu halten.
Die Erzählung in der A.A. hingegen dient als warnendes Beispiel für Mädchen.[14] Nähere Umstände der Kephalos-

Procris-Thematik sind jedoch für Ovid ohne Belang - es geht ihm, überspitzt gesagt, darum, eine Ehe aufzuzeigen, in der es zu tragischen Ereignissen kommt.[15]

In den Met. ist das Motiv der großen beidseitigen Liebe vorherrschend.[16] Alle Änderungen, die Ovid vornimmt, resultieren daraus; auch das Unheil erwächst letztlich aus dieser Quelle. Es geht Ovid in den Met. nicht um die Darstellung von Verführungen o.ä., sondern für ihn ist der Hauptgegenstand der Verlust von Vertrauen in der beidseitigen Liebe.[17]

Dieses große Thema wird auch in der Ausgestaltung der Met.-Fassung deutlich: Ganz zu Anfang der Erzählung steht als "seelische Ekphrasis des Kephalos" eine ausführliche Schilderung des Eheglücks von Kephalos und Procris. In diesem Abschnitt weist auch sprachlich alles auf *constantia* hin[18]. Zu den nachfolgenden tragischen Ereignissen ergibt sich dadurch ein starker Kontrast, da der angedeutete Vertrauensverlust eben diese Liebe angreift.

Aber auch in Procris verkörpert Ovid den *perpetuus amor*: Sterbend und noch immer im Glauben, "Aura" sei die Geliebte ihres Mannes, beschwört sie ihren *manens amor*(8-54/855) und nimmt Kephalos den Schwur ab, "Aura" nicht zu heiraten(856). Sie stirbt letztlich versöhnt, als sie die Erklärungen Kephalos' vernimmt.

Die betonte eheliche Liebe wird praktisch ad absurdum geführt, da sie sich selbst zerstört (855 *causam mihi*)[19].

Auch in der A.A. kommt der gegenseitigen Liebe Gewicht zu: Sie ist zwar vordergründig der Antrieb für Procris, ihrem Mann nachzuspionieren, doch sie wird nicht so betont dargestellt. Procris stirbt erst, als ihre innere Spannung bereits gelöst ist. Das Unglück liegt also ausserhalb des Irrtums und mußte sich von daher nicht lo-

gisch ergeben.[20] Deshalb ist nicht die eheliche Liebe der
Zerstörungsfaktor, sondern der Tod ergibt sich als unglücklicher Zufall, verschuldet alleine durch Procris. Es
wid von daher deutlich, daß das Faktum der Ehe in der
A.A.-Darstellung nicht besonders hervorgehoben wird - für
die Exemplumfunktion, d.h. zu zeigen, *nec cito credideris*, ist das Faktum des Verheiratetseins nicht unbedingt
nötig.

Es stellt sich die Frage, warum Ovid in den Met. die zerstörerische Liebe von Kephalos und Procris so einprägsam
geschildert hat. Segals Argumentation[21], Ovid kritisiere
diese Art der Liebe und damit gleichzeitig die literarischen Konventionen, in denen eine solche Liebe geschildert werde, erscheint mir insofern möglich, als aus ihr
deutlich werden könnte, daß Ovid hier wiederum mit den
Assoziationen seiner Leser spielt: Die Fassung der A.A.
ist, wie wir gezeigt haben, kurz vor der Met.-Fassung
oder sogar zeitgleich entstanden. So werden Ovid-Leser
immer den Wortlaut des A.A.-Praeceptum, *nec cito credideris*, im Ohr gehabt haben, als sie etwas ganz Ähnliches
mit *credula res amor est* in den Met. lasen. Doch gleichzeitig besteht die aufgezeigte Diskrepanz der Aussage
hinsichtlich der vernichtenden Wirkung von Ehe. Kann so
der Leser nicht auf den Gedanken kommen, Ovids Darlegung
als ein klares Votum gegen die Ehe anzusehen bzw. zu erkennen, daß ein solches Miteinander in der Realität keinen Platz hat? Auch wenn die Kephalos-Procris-Erzählung
von einer öffentlichen, heroischen Welt umgeben ist, in
die Ovid nach dem Tod der Procris mit seiner Erzählung
zurückkehrt[22], so wirkt dennoch hauptsächlich die intime
Erzählatmosphäre[23] auf den Leser ein, um ihn auf eine
gewisse Weise zu beeinflussen.

Anmerkungen: Darstellung der Götter

[1] Bernbeck 134 weist auf das Mißverhältnis zw. epischer Tradition und unepischer Gedankenführung hin, durch das die Met.wirken

[2] s.Gliederung in Teil A

[3] Renz 21, auch:

A.ROHDE; De Ovidii arte epica,

Berlin 1929, S.15

[4] s.Teil A zur Ehegesetzgebung

[5] Ovid wirkt hier in seiner Darlegung psychologisch überzeugend.

[6] Hom.Od VIII 305ff

[7] Stroh 343

[8] s.Teil A Einzelinterpretationen

[9] Renz 21: V 173 'indoluit facto'

[10] anders in der A.A.,s.auch Teil C s.v. "Objektivität"

[11] gemeint ist hier die "Lex Iulia"

[12] B.OTIS; Ovid as an epic poet,

Cambridge ^{2}1971,266

[13] H.HERTER;Rezension zu A.Rohde,De Ovidi arte epica

in:Gnomon 9(1933)28ff,33

[14] nähere Zusammenhänge Teil A

[15] Lenz 178

[16] Pöschl 332

Otis 269:gegenseitige Liebe vs.reine Begierde

[17] Segal 176

[18] M.LABATE;Amore coniugale e amore 'elegiaco' nell'episodio di Cefalo e Procri

in:Annali della Scuola Normale Sup.
di Pisa V 1(1975)103-128,127

[19] Segal 204

[20] Weber 140

[21] Segal 196

[22] Segal 183

[23] Pöschl 328

6. Δεινόν vs. ἐλεεινόν

Ein wichtiger Punkt für eine vergleichende Untersuchung
zwischen den Erzählungen in der A.A. und den Met. ist die
Frage, welche Stimmung jeweils evoziert werden soll oder:
Welche Wirkung hat die Erzählung auf den Leser; wie wird
der Leser angesprochen?
Interessant ist besonders, ob bei einem Vergleich deut-
lich wird, daß das eine oder andere Werk aussagekräftiger
ist, daß es mehr die Gefühle des Lesers anspricht.
Es stellt sich auch hier wiederum die Frage, ob man beim
Vergleich der einzelnen Darstellungen ein System in der
Modifikation erkennen kann.

6.1. Venus und Mars

Bei den Venus-Mars-Erzählungen besteht, wie wir gesehen
haben, schon hinsichtlich ihres Umfanges ein Unterschied.
Die Fassung in der A.A. ist ausführlicher als die der
Met. Und dadurch wird auch die Wirkung auf den Leser
nicht unmaßgeblich beeinflußt:

6.1.1. Met.
In den Met. läuft die Erzählung sehr zielgerichtet ab, da
sie dem Folgenden insofern untergeordnet ist, als sie
laut Ovids eigener Darstellung[1] die unglückliche Liebe
des Sonnengottes erklären soll.[2] Dieser Einleitungscha-
rakter zeigt auch Wirkung: Fast könnte man sagen, die
Erzählung von Venus und Mars wirke auf den Leser wie eine
"lapidare Zeitungsnotiz". Ergriffenheit oder Rührung wird

beim Leser nicht evoziert, eher wird noch das Burleske
der Episode dadurch betont, daß Ovid den Höhepunkt bei
einem zufälligen Spaß der Götter ansiedelt. Das hat auch
zur Folge, daß das Ganze einen Touch von Sensationsjour-
nalismus erhält.[3]
Im Detail jedoch bekommen einige Partien etwas Rührendes,
z.B. Vulcanus, der bemitleidenswert dadurch wirkt, daß
ihm vor Schreck alles aus der Hand fällt, als er von der
Untreue seiner Frau erfährt.[4]
Das Übrige ist sehr neutral geschildert; Ovid geht nicht
so weit, ein Handeln der Götterversammlung gegenüber Venus oder Mars darzustellen - die Geschichte endet quasi
im "luftleeren Raum". Somit wird auch deutlich, daß Ovid
mit dieser Darstellung keine moralisierende Absicht verknüpft hat. Gleichsam beinhaltet die Episode jedoch ein
"unmoralisches Potential", das auch dem Leser erkennbar
wird: Ovid stellt fast zynisch dar, daß zur göttlichen
Erheiterung ein "Verbrechen" beiträgt und daß sich die
beteiligten Götter sehr unschicklich benehmen.[5] Durch
diese Darstellung unterhöhlt er gleichzeitig die Würde
der Götter, wie bereits an anderer Stelle gezeigt worden
ist.

6.1.2. A.A.

Wird die Episode in den Met. indirekt durch eine Minyas-
Tochter erzählt, so ergibt sich in der A.A. aufgrund der
gezeigten Unterschiede in der Darstellungsweise auch eine
ganz andere Stimmung und damit verbunden eine andere Wirkung auf den Leser.
Aufgrund der längeren, abwechslungsreichen Darstellung
wirkt die Erzählung in ihren Aussagen direkter. Dazu
trägt auch die offene Parteinahme Ovids für das Paar Ve-

nus und Mars bei.

Eng mit der didaktischen Zielsetzung der Erzählung ist die sprachliche Ausgestaltung verbunden: Für die persönliche Aufmerksamkeit sorgt im Vorfeld der Erzählung, dem Praeceptum, die Apostrophe an die Leser des Werkes, die *iuvenes*[6], in dem das "fabula docet" des Nachfolgenden vermittelt wird. Durch die Leichtigkeit des Tonfalles klingt die Erzählung nie moralisierend und vermittelt so dem Leser, obwohl sie als Exemplum das Praeceptum mit einer Art von Negativereignis füllen soll, ein Gefühl von der Schönheit der Liebe. Die Intervention Sols kann der Leser so nur als störend empfinden, so daß Ovids Absicht in diesem Moment der Erzählung nachdrücklich manifestiert wird.

Im Verlauf von stilistischen Untersuchungen wurde schon auf die klare, teilweise kraftvoll zu nennende Sprache in dieser Erzähleinlage hingewiesen, die so völlig im Widerspruch zu der von Heinze vertretenen Meinung steht, in der elegischen Erzählung herrsche das ἐλεεινόν vor.[7] Hier jedoch wird nicht das Weiche dargestellt, wird nicht über schmerzliche Klagen das Mitleid des Lesers angesprochen - vielmehr erkennt der Leser unmittelbar seine reale Welt mit ihren Problemen in dieser mythologischen Erzählung. Unterstützt wird diese Tendenz noch durch die Einarbeitung eines tages-bzw. zeitpolitischen Problems der Rechtsprechung.

Ganz anders als in den Met., wo wir ein "Vorbeirauschen" der Erzählung feststellen konnten, bietet sich hier dem Leser ein sprachlich strukturiertes Bild, das seine Klarheit durch einige rhetorische Figuren gewinnt, die im Verlauf von Einzelinterpretation und Vergleich schon genau behandelt worden sind und an dieser Stelle noch einmal kurz angesprochen werden sollen:

Die häufigen Apostrophen des Dichters, eng verbunden mit seiner persönlichen Einschätzung der Lage, geben der Erzählung etwas von einer kritischen Diskussion, in der gewisse (in diesem Fall verlaufsentscheidende) Punkte immer wieder hinterfragt werden.

Die wörtliche Rede eines Gottes in der Götterversammlung vermittelt den Eindruck von Aktualität und Genauigkeit.

Dazu trägt auch der Tempusgebrauch im Vorfeld der Entdeckung bei: Aktualität wird hier durch den Gebrauch des Präsens evoziert.

Beachtet man nun den Verwendungszweck dieser Erzählung - sie dient als Exemplum -, so kann man durchaus sagen, daß es Ovid gelungen ist, diese Erzählung so auszugestalten, daß sie vom Leser ganz bewußt aufgenommen werden und ihre Wirkung hinsichtlich ihrer Funktion voll entfalten kann.

6.2. Kephalos und Procris

hier: Tod der Procris

Die Erzählungen von Kephalos und Procris sind, wie wir gesehen haben, zwar hinsichtlich ihrer Ausdehnung gleichlang, wirken jedoch höchst unterschiedlich auf den Leser.

6.2.1 A.A.

Die Erzählung in der A.A. hat primär argumentative Funktion[8], da sie als Exemplum[9] dient. Besonders einprägsam wird dieses Exemplum dadurch, daß die Größe des Unglücks (nämlich der Tod der Procris) gegenüber der Geringfügigkeit des Fehlers (*cito credere*) unangemessen erscheint und so hinsichtlich dieser Diskrepanz wirkt. Sehr geschickt versteht es Ovid, wirkungsvolle Effekte aufzubauen: Zu der idyllischen Ortsbeschreibung am Beginn des Exemplum steht kontrastiv der breite Vergleich Procris' mit der morbiden Natur - meines Erachtens ein Hinweis auf die folgende Dramatik der Ereignisse. Einprägsam, aber auch effektvoll ist die Apostrophe an Procris mit der sich anschließenden psychologischen Auswertung durch Ovid. Hier wird versucht, den Gedankengang zu verallgemeinern und ihn dem des Adressatenkreises anzunähern, so daß sich der Leser (bzw. hier im III.Buch eigentlich eher die Leserin) persönlich angesprochen fühlen kann. Es wird hier also nicht so sehr ein Gefühl von Rührung aufgebaut, sondern vielmehr persönliche Betroffenheit.

Gleichzeitig ist der Leser voll in die Handlung integriert, weiß um den *error nominis* und ist fast persönlich engagiert, was Ovid durch die eindrucksstarke Aposiopese, die mit einer Apostrophe verbunden ist, geschickt zum

Ausdruck bringt: Der Schreck sitzt dem Leser fast "in den Knochen", so daß auch die gesamte Tragödie unmittelbar durch diese Beteiligung zum Ausdruck kommt.

Es wird von vielen Philologen gesagt, daß die letzten zehn Verse dramatisch keine Funktion mehr haben, sondern lediglich psychagogisch wirken.[10] Doch meiner Meinung nach ist hier gerade die psychagogische Funktion und damit ihre Wirkung auf den Adressaten sehr wichtig: Die letzten Worte rufen Betroffenheit und Rührung hervor, was teilweise etwas pathetisch wirkt. Auch ergibt sich an dieser Stelle ein starker Gegensatz zu der heiteren Eingangssituation, in der Kephalso sich bewegte.

Rührung ergibt sich auch dadurch, daß die sterbende Procris verzeihende Liebe[11] zeigt.

Eine tragische Wirkung ergibt sich insofern, als der Tod der Procris als unglücklicher Zufall[12] gestaltet ist, was jedoch gleichzeitig wieder das didaktische Moment (*nec cito credideris*) stark herausstellt. Zur Rührung trägt desweiteren das typisch elegische Element der Grabinschrift (V 740) bei, das für "letzte Worte" fast obligatorisch ist.

Man kann zusammenfassend sagen, daß diese Erzählung in der A.A. sehr auf Rührung und Betroffenheit abzielt, wobei jedoch als übergeordnetes Ziel immer die didaktische Komponente zu sehen ist, die auf Einprägsamkeit abzielt.

6.2.2. Met.

Die Episode in den Met. sprengt jegliche Dimensionen epischer Erzählweise, wie auch immer diese letztlich zu definieren ist.

Die Erzählerfunktion übernimmt nicht Ovid als allwissender Moderator der Ereignisse, sondern er läßt Kephalos, den Hauptbeteiligten, als den Erzähler in der 1.Person agieren. Dabei gewinnt die Erzählung an Intensität, da der "Leidende" selbst berichtet und so persönliche Innenansichten gut enthüllt werden können.[13]
Mit dem Wechsel der Betrachtungsweise geht auch eine Änderung der zeitlichen Perspektive einher, was recht pathetisch wirkt: Der - durch das tragische Ereignis - gealterte Kephalso berichtet auf eine Frage hin aus der Retroperspektive mit seelischer Erschütterung vom Tod der Procris.[14] Diese unmittelbare Schilderung mit begründetem Anlaß, die Ereignisse auch durch Kephalso erzählen zu lassen, hat zur Folge, daß das Erleben für den Leser intensiv wird, da ihm die Handelnden in ihrem Charakter und ihren Regungen aufgrund der "persönlichen Anbindung" durch Kephalos nähertreten.[15]
Es wird deutlich, daß dieser ganze Abschnitt über den Tod der Procris darauf ausgelegt ist, beim Leser Rührung zu evozieren. Dabei kann man verschiedene Vorgehensweisen beobachten:
So dient z.B. die ausführliche Vorgeschichte, die Schilderung des ehelichen Glücks, dazu, die folgende Tragödie besonders stark herauszustellen, also eine Art "Kontrapunkt" zu bilden.
Auffällig ist, daß Kephalos (oder Ovid als Dichter?!) bemüht zu sein scheint, hinsichtlich der Schuldfrage Procris zu entlasten[16], so daß sie einem unschuldigen Opfer

gleicht. In diesem Zug bezeichnet sich Kephalos selbst als *sceleratus* (850), wobei er durch diese Selbstbeschuldigung indirekt bemitleidenswert wirkt.

In diesem Zusammenhang muß nochmals ein Punkt angesprochen werden, der bereits behandelt worden ist: die Objektivität.

Nach vorherrschender Meinung ist episches Erzählen besonders durch zwei Merkmale bestimmt[17]:

1. Der Erzähler ist allwissend.
2. Der Erzähler steht seinem Stoff mit epischer Distanz gegenüber.

Auch bei der vorliegenden Erzählung bleibt die allwissende Überschau dadurch bestehen, daß in der 1.Person des unmittelbar beteiligten Kephalos erzählt wird - es handelt sich also um eine auktoriale Allwissenheit[18], da der Erzähler urteilend und emotional beteiligt ist.

Diese Haltung emotionaler Subjektivität ist eines der charakteristischsten Merkmale der römischen Epik und ist von Vergil an als gattungskonstituives Element in das Genre eingeflossen.[19]

Neu (und fast einzigartig) erscheint mir jedoch bei der Erzählung von Kephalos und Procris in den Met. die Beobachtung, daß Ovid seinen Erzähler Kephalos wie einen Elegiker über sein Liebesschicksal klagen läßt.[20] An dieser Stelle wird die Liebe aus der Sicht des Mannes geschildert. Auch sprachliche Reminiszenzen an seine elegischen Vorgänger sowie die Übernahme einiger Topoi werden in dieser Erzählung deutlich: So stehen z.B. hinter der Sentenz in VII 800-803, in der Kephalos als Einleitung das (vergangene) eheliche Glück glorifiziert, Anklänge an Catull 45[21] bzw. 72[22] sowie als Anleihe an Ovids eigene "elegische Vergangenheit" die Aufnahme des Ideals des

Ganzen, der *perpetuus amor*.[23]

Gleichzeitig greift Ovid das properzische Motiv der "Süße der Verschuldung und der Selbsterniedrigung"[24] wieder auf, indem sich der gealterte Kephalos immer wieder am Tod der Procris die Schuld gibt.

Es besteht gar kein Zweifel daran, daß eine solche Darstellung die objektive Ebene verlassen muß, sehr subjektiv hinsichtlich der gemachten Aussagen ist und sich von daher in einer Art "Zwischenbereich" ansiedelt: Es besteht eine Art Diskrepanz zwischen metrischer Form und Inhalt einerseits und Form und Darstellungsweise andererseits.

Die "Liebesklagen" dienen ebenso wie die angeführten Kontrastwirkungen dazu, den Leser mit psychagogischen Mitteln in den Zustand der Rührung zu versetzen.[25]

Die seelische Erschütterung des Kephalos, die das Mitleid beim Leser evoziert, wird auch sprachlich verdeutlicht. Es ist nichts mehr von einem "würdigen, ruhigen Fortschreiten"[26] der Handlung zu spüren, als Kephalos z.B. merkt, wen er getroffen hat (845-850): Die Sprache paßt sich den Ereignissen an und drückt in ihrer raschen Abfolge das totale Chaos aus, in dem Kephalos sich befindet. Es findet sich also in dieser Erzählung kein Gleichmaß des Erzähltones, sondern ein Auf und Ab der Stimmungen.[27]

6.3. Zusammenfassung

Bei beiden Erzählungen der A.A. wird das Bemühen Ovids deutlich, seine didaktische Zielsetzung dem Leser (bzw. im III.Buch der Leserin) nahezubringen. Diese erstrebte Argumentationsbasis wird beide Male durch eine direkte, eindringliche Darstellung aufgebaut, die den Leser persönlich anspricht. Besonders gut gelingt das dort, wo die Realität im Mythos dargestellt wird und der Leser so durch die Aktualität der Probleme und deren "moderne Verarbeitung" gefesselt, fast in die Erzählung integriert wird.

Um dieses Ziel zu erreichen, zieht Ovid sämtliche Register seines Könnens - sprachlich wie inhaltlich: Elemente der Rührung, der Tragik, der persönlichen Betroffenheit haben oft psychagogische Funktion.

Sind also die beiden Erzähleinlagen der A.A. von ihrer Wirkung auf den Leser her einander recht ähnlich, so divergiert das Bild aufs Deutlichste bei den beiden Episoden in den Met.:

Auch im Vergleich zu ihrem Pendant in der A.A. wirkt die Venus/Mars-Erzählung der Met. sehr zielgerichtet auf den Leser, als solle lediglich die Funktion der Einleitung erfüllt werden. Nur im Detail lassen sich kleine Nuancen von Rührung erkennen.

Im Gegensatz dazu geht die Kephalos/Procris-Erzählung in den Met. fast in die "Vollen": In noch viel stärkerem Maße als in der A.A. wird versucht, beim Leser durch psychagogische Mittel Rührung zu evozieren, eingeleitet durch Kontrastwirkungen und besonders durch die Erzählform des subjektiven Erzählers Kephalos.

Sieht man die vier Erzählungen nun paarweise, läßt sich keine Tendenz in der Bearbeitung ablesen. Es wird an diesen Beispielen nur deutlich, daß eine gattungsmäßige Einordnung der Erzählungen beider Werke mit starren Vorgaben nicht möglich ist. Gerade die Erzählungen in den Met. sprengen immer wieder die Kategorien.

Es stellt sich hier einfach die Frage, ob nicht besser

mit einer Mischform gearbeitet werden könnte, da Ovid scheinbar mühelos den epischen Ton mit dem elegischen vermischt.[28]

Anmerkungen: Wirkung auf den Leser

[1] Met.IV 170 'Solis referemus amores'
[2] Castellani 48
[3] Castellani 47
[4] Met.IV 174-176
[5] Castellani 49
[6] A.A.II 557 ..'o iuvenes,deprendere parcite vestras'
[7] Heinze 322ff(Punkt 3)
s.a. die Arbeiten von Renz, T.F.Brunner,die zu einem ähnlichen Ergebnis kommen.
[8] Weber 139
[9] A.A.III 686
[10] Weber 138/139
[11] Weber 140
[12] Herter(Gnom)34
[13] Segal 177
[14] Lenz 177
[15] Rohde 44
[16] Herter(Gnom) 32
[17] B.EFFE;Epische Objektivität und auktoriales Erzählen in:Gymnasium 90(1983)171ff,171
[18] Effe 173
[19] Effe 174
[20] Pöschl 333
[21] Cat.45,13-16
[22] Cat.72,2 'Lesbia,nec prae me velle tenere Iovem'.
[23] Am.1,3

[24] Pöschl 333

[25] Freundt 57

[26] Renz 13

[27] Freundt 61

[28] Segal 188

TEIL D

Ergebnisse

D. ERGEBNISSE

Der abschließende Teil D dieser Arbeit hat zwei Aufgaben:
Zunächst sollen die erarbeiteten Ergebnisse aus Teil C
dahingehend betrachtet werden, ob die von Heinze propagierte klare Trennung zwischen epischer und elegischer
Erzählung auch an den Fallbeispielen nachzuweisen ist.
Hinsichtlich der Aufbereitung der Mythen ist deutlich
geworden, daß derselbe Stoff unterschiedlich je nach
Funktion bearbeitet wurde:
In der A.A. haben die Mythen jeweils Exemplumfunktion
(wobei sie sich fast verselbständigen) und müssen von
daher psychologisch argumentativ arbeiten.[1] Die Mythen in
den Met. erfüllen Aufgaben, die abhängig von ihrer kontextuellen Stellung sind (z.B. V/M: Einleitung; K/Pr.
ergreifender Schluß eines ganzen Erzählzusammenhanges).
Parallelen im Ausdruck lassen sich insofern erklären, als
es sich nun einmal um die gleiche "Erzählbasis" handelt.
Darüberhinaus sind sie bei Venus und Mars durch die homerische Vorlage bedingt, bei Kephalos und Procris zum einen durch die möglicherweise gleiche Abfassungszeit und
zum anderen durch die Verwendung der Aura - Polysemie in
beiden Erzählungen, die aufgrund ihrer beabsichtigten
Zweideutigkeit mit gleichen Wortfeldern operieren muß.
Worauf läßt sich nun diese bewußt unterschiedliche Darstellungsweise zurückführen? Sind diese Unterschiede gattungs- oder werk-und intentionsbedingt?
Die Unterschiede sprachlich - stilistischer und inhaltlicher Art sind ausführlich in dem vorhergehenden Teil C
behandelt worden. Aus der Summe der Ergebnisse kann man
den Schluß ziehen, daß von Seiten Ovids die Tendenz be-

steht, in den beiden mythologischen Erzähleinlagen gattungstypische Besonderheiten nicht zu betonen bzw. die Erzählung nicht von der Gattung prägen zu lassen, die durch das Metrum vorgegeben ist. Vielmehr besteht die Tendenz, die vorgegebenen Unterschiede zu egalisieren.
Bei der metrischen Analyse konnte beobachtet werden, daß Ovid im elegischen Distichon versucht, durch rhetorische Spielereien einen durchgängigen Erzählfluß zu schaffen und so metrische Beschränkungen zu überwinden.
Bei der sprachlichen Analyse wurde deutlich, daß es in jeder Erzählung sowohl für die entsprechende Gattung typische wie auch untyische Erscheinungen gibt.
Zu einem ähnlichen Ergebnis kommt die inhaltliche Analyse: Hier tauchen in allen Texte Erscheinungen auf, die nach Heinze jedoch dort ganz fehl am Platz wären.[2]
Daher weisen die Untersuchungen nach, daß die Heinze'schen Kategorien für elegische bzw. epische Erzählungen bei Ovid in Bezug auf die beiden Fallbeispiele nicht greifen, da beide Dichtungsarten mit Zügen der jeweils anderen angereichert sind.
Dadurch wird das generelle Problem der Einteilung nach Gattungen gerade in Hinblick auf die Metamorphosen deutlich.
Die Erzähleinlagen sind dadurch charakterisiert, daß Ovid in ihnen ohne Rücksicht auf die Gattung des Werkes, in dem sie stehen, eine stringente Handlung darstellt. Das "erzähltechnische Handwerkszeug" läßt sich dabei nicht nach vermeintlich gattungstypischen Merkmalen klassifizieren, sondern wird je nach Aussageabsicht und Kontext eingesetzt.
Aussagekräftig sind Ovids Selbstzeugnisse zu diesem Komplex:

Nach seiner Äußerung in den R.A. (391 - 394) ist seine
Absicht unbestreitbar, demnächst *carmina* zu verfassen,
wobei dem gebildeten Leser deutlich wird, daß Ovid durch
eben diesen Ausdruck *carmen* auf die beabsichtigte Form
verweist, nämlich auf Dichtung großen Umfangs. Aufgrund
des zuversichtlichen Tones dieser Passage könnte man sogar davon ausgehen, daß Ovid feste Pläne hinsichtlich des
Inhaltes bzw. der Ausführung hat und eventuell sogar
schon damit begonnen hat.[3] Gleichzeitig kann man mit der
Erwähnung Vergils in den zwei folgenden Versen und der
Herausstellung seiner eigenen Verdienste auf dem Gebiet
der elegischen Dichtung den Hinweis darauf sehen, daß
Ovid in dem für ihn neuen Genre der *carmina* mit Vergil in
eine Aemulatio zu treten beabsichtigt.

Es stellt sich jedoch die Frage, wie Ovid diese *carmina*,
die sich unschwer als die Metamorphosen dekodieren lassen, auszugestalten gedenkt. Dazu gibt er in dem Pro-
oemium der Met. einen entscheidenden Hinweis:
In den ersten vier Versen des ersten Buches legt Ovid
sein Konzept dar - inhaltlich, aber auch andeutungsweise
konzeptionell. Denn in dem Wunsch an die Götter, *ad mea
perpetuum deducite tempora carmen* (Met. I,4), prallen
ausdrucksmäßig zwei Literaturprogramme schlagwortartig
aufeinander:

1. Das *carmen perpetuum* steht für Dichtung großen Umfangs mit ungegliederter, fortlaufender Erzählung,
   die nach Horaz, Ars poetica 73 *res gestae regumque
   ducumque et tristia bella* zum Thema hat.
2. Dem steht diametral das *deductum carmen* gegenüber -
   ein Wesenszug der alexandrinischen Dichtung, die die
   unter (1) angesprochene Großdichtung ablehnt und
   stattdessen die "kleine Form" bevorzugt.

Indem Ovid diese beiden Literaturrichtungen in dem Pro-
oemium seines Werkes so eng zusammenbringt, lassen sich
Schlüsse daraus ziehen, daß das Werk der Metamorphosen
nicht eindeutig als Epos kategorisiert werden darf, sondern daß der Leser immer wieder mit "Überraschungen
sprachlicher und inhaltlicher Art" rechnen muß, wie sie
bei der Untersuchung oft genug aufgetaucht sind.
Schon von daher kann der Heinze'sche Ansatz nicht gelingen, da er von der klaren Trennbarkeit der Erzählstile
und damit von der eindeutigen Gattungszugehörigkeit aus-
geht. Generell liegt die Problematik der Heinze'schen
Untersuchung in dem Versuch, eine allgemeingültige Kate-
gorisierung vorzunehmen, was notgedrungen bei einer Einordnung "in Schubladen" endet. Es kommt zu pauschalen
Aussagen, die weiterführende, nicht in das Schema passende Feststellungen vernachlässigen. Eine weitere Schwä-
che besteht darin, daß das eigentliche Untersuchungsziel
oftmals dadurch verschwimmt, daß Heinze Unmengen von Be-
legstellen anführt, wodurch der Sinn für das Wesentliche
verlorengeht.
In der Forschung hat sich das Interesse besonders auf die
Metamorphosen konzentriert, während die Einordnung der
A.A. weitgehend keine Probleme bereitete:
Die A.A. als erotisches Lehrgedicht, entstanden aus der
Symbiose zweier Gattungen, der erotischen Elegie und dem
Lehrgedicht, beinhaltet per se verschiedenste Elemente,
um hinsichtlich ihrer didaktischen Komponente zur Wirkung
zu gelangen. Die mythologischen Erzähleinlagen fallen
aufgrund ihrer Rolle als Exkurse zwar auf, dienen jedoch
letztlich auch dem didaktischen Konzept und sind Ornamen-
te der sachlichen Lehre in einem spielerischen Tonfall.[4]
Bei einer gattungsmäßigen Einordnung der Met. wurde, wie

in Teil B dieser Arbeit gezeigt worden ist, relativ
schnell die Unmöglichkeit festgestellt, die Met. eindeutig als Epos zu charakterisieren. Einmütigkeit herrscht
darüber, daß es sich bei der Gestaltungsweise der Met. um
ein besonderes "Kunstprinzip"[5] handelt.

Ausgehend von Ovids eigenen Äußerungen zu den Met. muß
man, auch in Hinblick auf die Heinze'sche Untersuchungsform, die Frage formulieren, ob nicht gerade in unserem
Fall die gesamte dichterische Entwicklungslinie wichtig
ist. Denn das eigene Werk ist für jeden Autor genauso
prägend wie Einflüsse von Dichterkollegen, besonders bei
einem Dichter wie Ovid, der, wie er selbst in den R.A.
sagt, führend auf dem Gebiet der Elegie ist. Von daher
ist es nicht verwunderlich, daß elegische Einflüsse auch
weiterhin jedes Folgewerk bestimmen.

Daraus stellt sich weiterhin die Frage, ob die Einfügungen der "kleinen Form", wie wir sie immer wieder bei
den Fallbeispielen gefunden haben, Zufall oder Methode
sind.

Zufall ist meines Erachtens auszuschließen, denn prinzipiell hat Ovid jeden der beiden Mythen zuvor innerhalb
der "kleinen Form" bearbeitet, ihn dann jedoch nicht unverändert übernommen, sondern in der Regel die Mikrostruktur modifiziert, so daß "elegische Einsprengsel"
eben aufgrund der wohlüberlegten Umarbeitung ganz bewußt
gesetzt sind.

Wie läßt sich sich nun diese Erzählweise, wie wir sie in
den Fallbeispielen kennengelernt haben, am ehesten beschreiben?
und:
Was bezweckt Ovid damit?

Zur ersten Frage muß zunächst überlegt werden, wie die
Metamorphosen übehaupt einzuordnen sind: Kraus spricht in
seinem RE-Artikel[6] von einem "lehrhaften Sammelgedicht",
das durch eine quasi - historische Konzeption in die Nähe
des heroischen Epos gerät. Zwar weise der ununterbrochene
Fluß der Erzählung[7] auch auf diese Gattung hin, doch gebe
es immer "breite Inseln" in Form von Erzähleinlagen, "die
zum Verweilen laden" und sich so aus dem *cuncta fluit* des
Gesamtwerkes abheben.[8] Kraus hebt die persönliche Note
Ovids hervor, die dieser in die Met. einbringe, und führt
an, daß Ovid den Bereich des Epos durch Übersetzugen aus
anderen poetischen Arten in die epische Form erweitere.[9]
Bernbeck[10] nennt die Met. eine Spielform des Epos, Luck[11]
spricht von "Epos-Episoden" - am deutlichsten erscheint
mir der Ausdruck *epos sui generis*.
Eine Charakterisierung, wie Heinze sie vorgenommen hat,
ist von daher zu grob und vereinfachend und läßt insbesondere die stilistischen Vermischungen, die die besonde-
re Wirkungsweise des Werkes ausmachen, unberücksichtigt.
Denn gerade das wechselhafte Durchdringen von Epischem
und Elegischem, die sprachlichen Nuancierungen und Varia-
tionen des Ausdrucks im ständigen Wechsel der Stilarten -
d.h. die Vielschichtigkeit ovidischer Erzählkunst - machen den Reiz der Metamorphosen aus.[12]
Gerade aufgrund der vorhergehenden Werke ist es nicht
verwunderlich, daß Ovid auch bei der Abfassung der Met.
von seinen persönlichen Neigungen, dem Interesse an
menschlichen Schicksalen, geleitet wurde. Doblhofer[13]
meint dazu pointiert, Heinze habe den Menschen Ovid nicht
in seine Überlegungen einbezogen.
Was bezweckt Ovid nun mit dieser Art von Dichtung?
Bei den beiden Beispielen ist deutlich geworden, daß es

Ovid immer wieder durch das Mißverhältnis zwischen epischer Form und unepischer Gedankenführung gelingt, die Erwartungshaltung des Lesers zu durchbrechen. Genauso, wie er mit den Assoziationen des Lesers spielt, spielt er auch mit den Gattungen. Das wird durch Junktionen wie carmen deducere(Met.1,4) und den lacrimans hero(Met.7,863) auf primär-sprachlicher Ebene ganz deutlich.

Interessant ist der Ansatz von Segal, Ovid betreibe mittels der Kephalos-Procris-Episode in den Met. Kritik an der extremen "Romantik" des elegischen Stils[14] und an der dort propagierten Liebe. Bereits die Erwähnung von Procris als domina in der A.A.(743) könnte man als Persiflage auf die Gattungskonventionen der Liebeselegie deuten. Auch die Adaption "unklassischer Themen" und deren Bewältigung mit "klassischen Mitteln"[15] spiegelt Ovids Absicht wider, etwas Besonderes zu schaffen.

Hinsichtlich der zeitgeschichtlichen Aktualität ist zu sagen, daß die Episode von Venus und Mars in den Met. nicht mehr mit aktuellen Anspielungen wie noch in der A.A. gewürzt ist: Ovid scheint hier mehr auf Anpassungskurs gegenüber der Obrigkeit gegangen zu sein.[16]

Knapp zusammengefaßt ist bei der vorliegenden Untersuchung folgendes deutlich geworden:

1. Beim Vergleich der Darstellungsweisen in Met. und A.A ist eine klare gattungsmäßige Trennung nicht möglich. Die Aufbereitung der einzelnen Erzähleinlagen erfolgt vielmehr nach Verwendung bzw. Kontext durch Einfluß der verschiedensten Gattungen.

2. Diese unvorhersehbare Gestaltung, die dem Leser immer wieder Überraschungsmomente bietet, prägt den Reiz für den Leser.

3. Die beiden untersuchten Erzähleinlagen der A.A. weisen einen relativ "reinen Stil" auf. Es ist hingegen ganz natürlich, daß die Met. als der Höhepunkt des ovidischen Werkes alle den Dichter prägenden Einflüsse beinhalten, wobei das ausgeprägte "elegische Vorleben" einen Haupteinfluß nimmt. Daneben sind selbstverständlich Einwirkungen aus anderen, "zeitbestimmenden" Gattungen (z.B. Bukolik, Tragödie) zu erkennen.

4. Beide Gattungen, Elegie und Epos, bereichern sich bei den vier Beispielen gegenseitig und machen von daher die Erzähleinlagen so reizvoll.

5. Die Frage, was Ovid letztlich zu einer bewußten Uminterpretation u.a. auch durch Stilvariationen bewegt haben könnte, läßt sich nicht mit letzter Gewißheit beantworten: Es könnte als Anpassung an die Moral der augusteischen Zeit gedeutet werden.

6. Trotz aller Bemühungen im Bereich des Epischen bleibt Ovid gewissermaßen "Elegiker bis an sein Lebensende", wie er es selbst in den Tristien in einer eigenhändig entworfenen Grabinschrift ausdrückt[17]:

tenerorum lusor amorum.

Hier stützt die Eigenaussage nochmals die Beobachtung dieser Arbeit, daß das elegische Element auch für die Met. auf weite Strecken werkprägend ist.

Anmerkungen Teil D

[1] Watson 117
[2] z.B.erotische Wortfelder in den Met.
[3] Pohlenz 1
[4] Effe (Lehrgedicht) 247
[5] Herter: s.Titel seines Aufsatzes "Das Kunstprinzip in den Met."
[6] Kraus 107
[7] Kraus 113
[8] Kraus 114
[9] Kraus 115
[10] Bernbeck 133
[11] Luck 9
[12] Freundt 61
[13] Doblhofer 65
[14] Segal 196
[15] v.Albrecht (i.Burck) 151
[16] Stroh 351
[17] Ov,Trist.3,3,373

TEIL E

Literaturverzeichnis

E. LITERATURVERZEICHNIS

Michael v.ALBRECHT   Der Forschungsbericht:Ovid
                             1.Teil (seit 1963)
                             AAHG 25(1972) 267 -290

Michael v.ALBRECHT   Epische und elegische Er-
                             zählung
in:
Michael v.ALBRECHT   Römische Poesie
                             Heidelberg 1977, 63-79

Michael v.ALBRECHT   Mythos und römische
                             Realität in Ovids Met.
                             in:
                             ANRW II, 31,4, 2330ff

Michael v.ALBRECHT   Ovids Metamorphosen
in.
Erich BURCK (Hg.)   Das römische Epos
                             Darmstadt 1979, 120 - 153

Michael v.ALBRECHT   Rezension zu: Latte, Die
                             Doppelbriefe in Ovids
                             Gesamtwerk
                             in:
                             Gnomon 37(1965) 207ff

Michael v.ALBRECHT in: GÖRGEMANNS/SCHMIDT (Hg.)	Zur Funktion der Gleichnisse in Ovids Met. Studien zum antiken Epos Meisenheim 1976, 281ff
Michael v.ALBRECHT in: ALBRECHT/ZINN(Hg.)	Zur Funktion der Tempora in Ovids elegischer Erzählung Ovid Darmstadt ²1982 451 - 467
Bertil AXELSON	Unpoetische Wörter Lund 1945
Ernst Jürgen BERNBECK	Beobachtungen zur Darstellungsweise in Ovids Met. München 1967
Franz BÖMER	P.Ovidius Naso, Kommentar Metamorphosen Heidelberg 1976
Paul BRANDT	P.Ovidi Nasonis de arte amatoria libri tres ND Hildesheim 1963

T.F.BRUNNER Δεινόν vs. ἐλεεινόν
Heinze revisited
in:
AJPh 92(1971) 275 - 284

Erich BURCK (Hg.) Das römische Epos
Darmstadt 1979

Victor CASTELLANI Two divine scandals: Ovid
Met. 2,680ff and 4,171ff
and his sources
in:
TAPhA 110(1980) 37 - 50

Friedrich CRUSIUS Römische Metrik
München ⁴1959

Gregson DAVIS The death of Procris.
"Amor" and the hunt in
Ovid's Metamorphoses
Rom 1983

Roy J.DEFERRAI e.a. A concordance of Ovid
Hildesheim 1968

Ernst DOBLHOFER Ovidius urbanus.
Eine Studie zum Humor in
Ovids Met.
in:
Philol. 104(1960)63ff

Bernd EFFE	Dichtung und Lehre. Untersuchungen zur Typologie des antiken Lehrgedichts München 1977
Bernd EFFE	Epische Objektivität und auktoriales Erzählen in: Gymnasium 90(1983) 171ff
Mechthild FREUNDT	Das Rührende in den Met.- Interpretative Untersuchung eines Phänomens und seine Bedeutung für die Beurteilung Ovids. Münster 1973
Richard HEINZE in: Erich BURCK(Hg.)	Ovids elegische Erzählung Vom Geist des Römertums Darmstadt ³1960 308ff
Hans HERTER	Ovids Kunstprinzip in den Metamorphosen in: AJP 69(1948) 129ff

Hans HERTER   Rezension zu A.Rohde,
                     De Ovidi arte epica
                     in:
                     Gnomon 9(1933) 28ff

Hans HUNGER   Lexikon zur griechischen
                     und römischen Mythologie
                     Reinbek ⁶1974

Walther KRAUS   Ovidius Naso
in:
ALBRECHT/ZINN (Hg.) Ovid
                     Darmstadt ²1982
                     67 - 166

Wilhelm KROLL   Studien zum Verständnis
                     der römischen Literatur
                     Stuttgart 1924

Mario LABATE   Amore coniugale e amore
                     'elegiaco' nell' episodio
                     di Cefalo e Procri
                     in:
                     Annali della Scuola Norm.
                     Superiore di Pisa
                     V 1(1975) 103 - 128

Bernd LATTA   Die Stellung der Doppel-
                     briefe im Gesamtwerk Ovids
                     Marburg 1963

F.W.LENZ					Kephalos und Procris in
						Ovids A.A.
						in:
						Maia 14(1962) 177 - 186

Douglas LITTLE				Richard Heize:
						Ovids elegische Erzählung
in:
Ernst ZINN (Hg)				Ovids A.A. und R.A.
						Untersuchungen zum Aufbau
						Stuttgart 1970, 64 ff

G.LUCK					Die römische Liebeselegie
						Heidelberg 1961

Hugo MAGNUS				Review of Ovids elegische
						Erzählung
						in:
						Berl. phil.Wochenschrift
						40(1920) 1035 - 1041

Charles E.MURGIA			The date of Ovid's A.A.III
						in:
						AJP 107(1986) 74ff

Molly MYEROWITZ			Ovid's games of love
						Detroit 1985

Brooke OTIS				Ovid as an epic poet
						Cambridge ²1971

Viktor PÖSCHL   Kephalos und Prokris in
                       Ovids Met.
                       in:
                       Hermes 87(1959) 328 ff

Max POHLENZ   Die Abfassungszeit von
                       Ovids Met.
                       in:
                       Hermes 48(1913) 1ff

Hans RENZ   Mythologische Beispiele in
                       Ovids erotischer Elegie
                       Würzburg 1935

A.ROHDE   De Ovidii arte epica
                       Berlin 1929
in:
G.LAFAYE   Les Metamorphoses d'Ovide
                       et leurs modeles Grecs
                       Hildesheim/New York 1971

Charles P.SEGAL   Ovid's Cephalus and
                       Procris:Myth and Tragedy
                       in:
                       Grazer Beiträge 7(1978)
                       175ff

Wilfried STROH   Ovids Liebeskunst und die
                       Ehegesetze des Augustus
                       in:
                       Gymnasium 86(1979) 323ff

Hermann TRÄNKLE   Elegisches in Ovids Met.

                         in:

                         Hermes 91(1963) 459ff

Patricia WATSON   Mythological Exempla in

                         Ovid's A.A.

                         in:

                         Class.Phil.78(1983)117ff

Markus WEBER   Die mythlogische Erzählung

                         in Ovids Liebeskunst

                         Frankfurt/M. 1983